유진 피터슨의 글을 읽다 보면, 복음이 신자의 인생과 운명에 기쁨과 소망을 가져다준다는 익숙한 사실을 다시금 깨닫게 된다. 신앙을 붙드는 인생은 하나님을 반대하는 세상의 폭력과 시험 속에서 우리를 단련하고 성숙하게 하며, 그에 따른 승리와 믿음을 맛보게 해준다. 그는 성경이 읽히지 않는 이유를 체념과 타성에 녹아 버린 신앙생활 때문이라고 진단하며, 이러한 현실을 개탄한다. 더 나아가 분노하고 거부한다. 성경은 우리의 정체성과 삶을 안심시키는 것보다는 하나님의 뜻과 목적을 우리에게 제시하는 데 관심이 있다. 하나님의 통치, 은혜, 사랑의 권능은 지금 여기 우리의 인생과 역사 속에서 춤을 춘다. 유진 피터슨은 우리가 가진 이해와 확신으로 하나님의 무한한 권능과 기적을 제한하는 자기기만의 역설을 경계한다. 동시에 그는 독자들에게 부디 성경을 제대로 읽고 명예로운 신앙생활을 누릴 것을 제안하고 격려한다.

박영선 남포교회 원로목사

유진 피터슨의 글을 읽을 때마다 허를 찔린 듯한 느낌이 든다. 이 책에서도 마찬가지다. 교회에 다니는 사람이라면 누구나 다 아는 이야기를 평범하게 들려준다. 그러다가 어느 순간 그는 예기치 못한 방향으로 우리 마음을 잡아 이끈다. 잘 안다고 생각했던 성경 이야기 속에 숨겨진 다른 메시지가 모습을 드러낸다. 이야기를 따라가다가 세상과 제자들의 몰이해에 직면한 예수님의 외로움에 가슴을 치게 되고, 그러한 오해조차 은혜로 바꿔 주시는 사랑에 감격하게 된다. 짧지만 묵직한 울림을 주는 책이다.

김기석 청파교회 담임목사

책을 펼치기 전에 잠시 눈을 감고 숨을 고르십시오. 마음이 가라앉고 차분해질 때까지 기다리십시오. 설교에 대한 모든 고정관념을 내려놓으십시오. 무엇을 배우거나 얻으려는 마음을 버리십시오. 독파하려는 욕심도 버리십시오. 충분히 준비되면 책을 펼쳐 하루에 한 꼭지만 천천히 음미하며 읽으십시오. 그리고 저자가 던진 질문을 마음에 단단히 챙기고 책장을 닫으십시오. 그 질문을 화두로 삼아 하루를 사십시오. 그러면 됩니다. 그러면 충분합니다. 복음의 정신이 당신의 영혼에 촉촉이 스며들 것입니다.

김영봉 와싱톤사귐의교회 담임목사

사복음서
설교

Eugene H. Peterson

A Month of Sundays

Thirty-One Days of Wrestling with Matthew, Mark, Luke, and John

사복음서
설교

종교의 언어를 넘어
삶의 언어와 마주하다

유진 피터슨

양혜원 옮김

복 있는 사람

사복음서 설교

2020년 7월 15일 초판 1쇄 인쇄
2020년 7월 22일 초판 1쇄 발행

지은이 유진 피터슨
옮긴이 양혜원
펴낸이 박종현

도서출판 복 있는 사람
주소 서울특별시 마포구 연남동 246-21(성미산로23길 26-6)
전화 02-723-7183(편집), 7734(영업·마케팅) 팩스 02-723-7184
이메일 hismessage@naver.com
등록 1998년 1월 19일 제1-2280호

ISBN 978-89-6360-358-2 03230

이 도서의 국립중앙도서관 출판예정도서목록(CIP)은
서지정보유통지원시스템 홈페이지(http://seoji.nl.go.kr)와 국가자료공동목록시스템
(http://www.nl.go.kr/kolisnet)에서 이용하실 수 있습니다. (CIP 제어번호: 2020027051)

A Month of Sundays
by Eugene H. Peterson

유진 피터슨은 일요일과 일요일 사이에 사용하는 언어에 관해 상당한 관심을 가지고 있었습니다. 그는 성경공부에서 사용하는 말과 무지개송어 낚시를 할 때 쓰는 말 사이에 언어의 연속성이 있어야 한다고 주장했습니다. 그는 사람들에게 언어가 종교적 언어, 곧 하나님이 창조하고 구원하신 세상과 분리된 언어 또는 비인격화되고 기능화된 언어로 축소되는 것에 맞설 것을 꾸준히 촉구했습니다. 그렇게 축소된 언어를 '끔찍한 종교적 언어'라고 불렀습니다.[1] 그렇습니다. 이는 정말로 끔찍한 언어입니다. 그러나 다행히도 피터슨 목사는 일요일과 일요일 사이에서만이 아니라, 자신의 설교를 통해서도 그 모범을 보여주었습니다.

'설교'라고 분명하게 표시되어 있는 원고 뭉치를 비롯한 유진 피터슨의 글 상당량을 확보할 수 있었던 것은 우리에게 크나큰 행운이었습니다. 대부분의 글은 메릴랜드 주 벨 에어의 '그리스도 우리 왕 장로교회'의 목사로 보낸 오랜 세월이 반영된 글이었습니다. 그중에서 일부를 추리고 정리한 것이 그가 세상을 떠나기 전에 출간된 마지막 책 『물총새에 불이 붙듯』*As Kingfishers Catch Fire*입니다. 하지만 그 책은 원고의 일부였고 전부는 아니었습니다. 지금 여러분이 손에 들고 있는 이 책은 그 "전부는 아닌" 것의 원고입니다.

『사복음서 설교』*A Month of Sundays*의 내용은 제목 그대로입니다. 네 개의 복음서인 마태복음, 마가복음, 누가복음, 요한복음에 기반한 주일 설교, 교훈과 메시지를 한 달 동안 매일 볼 수 있도록 모았습니다. 오늘날 출판계에서 설교집은, 특히 서른한 개의 설교를 모아 놓은 책은 제아무리 축약본이라 하더라도 피하는 것이 상식입니다. 그러한 책은 비인격화되고 기능화된 언어를 한데 묶어 내놓는 것에 불과할 때가 많기 때문입니다. 하지만 이 설교집은 종교적 언어에 알레르기가 있었던 사람이 쓴 책입니다. 그 사실을 기억해 주시기 바랍니다.

'A Month of Sundays'는 존 업다이크John Updike의 소설 제목이기도 합니다. 그 작품은 톰 마쉬필드 목사에 관한 이야기인데, 마쉬필드 목사는 성적인 죄를 지은 목사로 영적 회복에 힘쓰도록 중서부에 있는 자기 교구를 떠나 서쪽 사막으로 피정을 가야 했습니다. 회복의 일환으로 마쉬필드는 한 달 동안 일기를 써야 했고, 그 일기장에 자신의 속내, 자신의 과거, 때로는 자신의 현재까지도

쏟아 놓았습니다.

　　업다이크의 소설과 피터슨의 설교집은 크게 다르지 않습니다. 복음서에 대한 여러 관점을 읽고, 숙고하고, 심지어 일기도 쓰면서 31일을 보내는 일은 개인적인 영적 회복의 한 형태일 수 있으며, 어떤 차원에서는 영혼의 소생이 될 수도 있습니다. 이 책과 함께 한 달을 보내고 나면 마쉬필드 목사가 끝내 도달했던 마음 상태에 여러분 또한 도달할 수 있을 것입니다.

　　"감사란 신이 놓은 다른 올가미로부터 탈출하기 위해 스스로의 다리를 물어뜯을 때, 신이 우리를 잡는 방법이다."[2]

　　감사란 종교적 언어에서 멀리 벗어난 정신과 마음의 상태일 것입니다. 마지막으로 이 책의 구성에 관해 설명하자면, 이 책에 담긴 설교는 하루 이상 이어집니다. 시작하는 성경본문을 만나면 그곳이 출발점입니다. 하루나 이틀 뒤에 '아멘'이라는 단어에 도달하게 될 텐데, 바로 그곳은 묵상이 끝나는 지점입니다. 이렇게 구성한 이유는 하루에 읽고 소화할 수 있을 만큼의 분량을 조절하기 위함입니다. 메시지의 강도는 조금도 희석되지 않았습니다. 실제로 우리는 그 하루의 분량이 은혜처럼 충분하다는 것을 경험했습니다. 또한 독자들은 마태복음으로 시작되는 제1일과 제2일의 본문 리듬이 조금 낯설다는 것을 눈치채실 것입니다. 짧고, 단편적이고, 개요와 같은 느낌입니다. 그것은 이 설교집을 구성한 문서의 처음 상태 그대로를 보여줍니다. 다시 말해, 그것은 유진 피터슨의 설교

노트에 기록되어 있는 그대로입니다. 그 두 날 이후의 기록들은 한결 여유롭게 흘러갈 것입니다. 자, 이제 그 여정을 시작해 봅시다.

워터브룩 멀트노마 편집부

서문

주

일러두기

이 책에 인용된 성경구절은 『새번역』과 『메시지』를 사용했다.

마태복음

A Month of Sundays

제 1 일

전환

아브라함의 자손이며 다윗의 자손인 예수 그리스도의 족보다.

아브라함은 이삭을 낳았고

이삭은 야곱을 낳았고

야곱은 유다와 그 형제들을 낳았고

유다는 베레스와 세라를 낳았고(그들의 어머니는 다말이었다)

베레스는 헤스론을 낳았고

헤스론은 람을 낳았고

람은 아미나답을 낳았고

아미나답은 나손을 낳았고

나손은 살몬을 낳았고

살몬은 보아스를 낳았고(그의 어머니는 라합이었다)

보아스는 오벳을 낳았고(룻이 그의 어머니였다)

오벳은 이새를 낳았고

이새는 다윗을 낳았고

다윗은 왕이 되었다.

다윗은 솔로몬을 낳았고(우리야의 아내가 그의 어머니였다)

솔로몬은 르호보암을 낳았고

르호보암은 아비야를 낳았고

아비야는 아사를 낳았고

아사는 여호사밧을 낳았고

여호사밧은 요람을 낳았고

요람은 웃시야를 낳았고

웃시야는 요담을 낳았고

요담은 아하스를 낳았고

아하스는 히스기야를 낳았고

히스기야는 므낫세를 낳았고

므낫세는 아몬을 낳았고

아몬은 요시야를 낳았고

요시야는 여호야긴과 그 형제들을 낳았고

그 무렵에 백성이 바빌론에 포로로 잡혀갔다.

바빌론으로 잡혀간 뒤에

여호야긴은 스알디엘을 낳았고

스알디엘은 스룹바벨을 낳았고

스룹바벨은 아비훗을 낳았고

아비훗은 엘리아김을 낳았고

엘리아김은 아소르를 낳았고

아소르는 사독을 낳았고

사독은 아킴을 낳았고

아킴은 엘리웃을 낳았고

엘리웃은 엘르아살을 낳았고

엘르아살은 맛단을 낳았고

맛단은 야곱을 낳았고

야곱은 마리아의 남편인 요셉을 낳았고

마리아는

그리스도라 하는 예수를 낳았다.

아브라함부터 다윗까지 열네 대,

다윗부터 바빌론으로 잡혀갈 때까지 열네 대,

바빌론으로 잡혀간 뒤로 그리스도까지 열네 대였다. 마태복음 1:1-17

☙

마태는 약 2천 년의 역사를 자신이 쓴 복음서의 도입부에서 생생

하고 간결하게 요약했습니다. 그의 방법은 단지 중요한 이름을 순서대로 부르는 것이었습니다. 이러한 방법은 그 이름들에 익숙한 사람들이 풍성한 역사를 돌아보게 하는 데 매우 효과적입니다. 복음서 저자들에게 역사란 날짜를 추적해서 확인하고 사건들을 나열하는 학문적 작업이 아니었습니다. 그것은 사적인 족보였고, 자신의 선조 곧 하나님의 백성을 기억하는 일이었습니다.

마태는 그 이름들을 세 묶음으로 배열하며 역사를 세 부분으로 요약합니다.

아브라함에서 다윗까지: 이 시기는 형성의 시기입니다. 하나님이 아브라함과 족장들을 통해 이스라엘 민족을 설립하시고, 모세를 통해 그들을 이집트의 종살이에서 구하시며, 여호수아와 사사들을 통해 약속의 땅으로 인도하십니다. 그리고 다윗을 세워 그들을 주권적으로 다스리는 그분의 왕권을 보여주십니다.

다윗에서 바벨론 강제 이주까지: 이 시기는 반란의 시기를 대변합니다. 하나님의 통치를 둘러싼 분쟁이 일어납니다. 민족이 갈라지고, 왕들은 하나님의 통치를 보여주는 데 실패하고, 백성은 다른 신들을 찾아갑니다. 선지자들은 백성을 다시 본래의 자리로 돌이키기 위해 애씁니다.

바벨론 강제 이주에서 그리스도까지: 이 시기는 기다림의 시기입니다. 히브리 백성은 정치적 정체성을 상실하고 기다림 속에 살아갑니다. 그들은 자신이 하나님의 백성이라는 것을 더욱 분명히 이해하게 되고, 메시아에 대한 기대 또한 더욱 성장하고 성숙해져 갑니다. 그러나 여러 가지 면에서 이 시기는 모호하고 어두

운 시기입니다. 하지만 동시에 하나님이 다시 오시기를 매우 강렬하게 소망했던 시대이기도 합니다. 이에 관해 짐작할 수 있을 만큼의 정보는 존재합니다.

그렇다면 한 가지 묻겠습니다. 만일 여러분이 타임머신을 타고 히브리 역사로 돌아갈 수 있다면, 이 세 시기 중 어느 시기를 택하여 살겠습니까? 그 이유는 무엇입니까?

아멘.

제 2 일

탄생

예수께서 태어나신 경위는 이렇다. 그분의 어머니 마리아는 요셉과 약혼한 사이였다. 그들이 결혼하기 전에, 요셉은 마리아가 임신한 사실을 알게 되었다(성령으로 된 일이었으나 요셉은 그 사실을 몰랐다). 요셉은 마음이 상했지만 점잖은 사람인지라, 마리아에게 욕이 되지 않게 조용히 문제를 매듭지을 참이었다.

　　방도를 찾던 중에 요셉이 꿈을 꾸었다. 꿈속에서 하나님의 천사가 말했다. "다윗의 자손 요셉아, 주저하지 말고 결혼하여라. 마리아의 임신은 성령으로 된 것이다. 하나님의 성령이 잉태하게 하신 것이다. 마리아가 아들을 낳을 것이니, 그 이름을 예수―'하나님이 구원하신다'―라고 지어라. 그가 자기 백성을 그 죄에서 구원하실 것이다."

이로써 예언자가 잉태한 설교가 드디어 성취되었다.마태복음 1:18–21

༄

예수 그리스도의 탄생은 역사의 중추신경입니다. 마치 중앙에서 신경계의 모든 섬유를 연결해 주는 신경절처럼 말입니다. 그분의 탄생은 마태복음 1:1–17에서 요약된 과거의 경험과 미래에 대한 기대—"그가 자기 백성을 그들의 죄에서 구원하실 것이다"—를 결합시켜 줍니다. 여기에서 세 가지를 주목해야 합니다.

첫째, 탄생의 사실입니다. "마리아가 잉태한 사실이 드러났다." 마 1:18 실제로 어머니가 있었고 실제적인 임신이 있었습니다. 마태(그리고 누가)는 이 사건이 '신화'가 아니라 물리적인 탄생이라는 것을 분명히 알 수 있도록 이야기를 들려줍니다. 구원은 역사의 과정 밖에서 일어나지 않았습니다.

둘째, 탄생의 방식입니다. "성령으로 잉태한 사실이 드러났다."마 1:18 구원은 하나님이 시작하셨고 하나님이 만드셨습니다. 마리아의 처녀성은 하나님이 역사 속으로 들어오셨다는 증거입니다. 구원은 역사의 과정으로부터 기인한 것이 아닙니다. 요셉이 "가만히 파혼하려"마 1:19 한 것은 오히려 마리아의 처녀성을 입증하는 일이 되어 버렸습니다. 동정녀 탄생을 처음으로 믿은 사람은 비쩍 마른 경건한 수도자가 아니라, "아기는 어떻게 만들어지는지"를 아는 지적 회의론자였습니다.

셋째, 탄생의 의미입니다. "그 이름을 예수라고 하여라. 그가 자기 백성을 그들의 죄에서 구원하실 것이다."[마 1:21] 이 탄생은 겨울의 긴 밤을 밝혀 줄 화려한 행렬도 아니었고, 추잡하고 따분한 것들로부터 기분 전환을 시켜 줄 감상적인 신화도 아니었습니다. 이 탄생은 창조계 전체를 구원하게 될 사역이었습니다.

그렇다면 한 가지 묻겠습니다. 여러분에게 크리스마스가 중요한 이유는 무엇입니까?

아멘.

제3일

두려움

"학생이 선생보다 더 나은 책상을 쓸 수 없다. 사원이 사장보다 돈을 더 벌지 못한다. 너희는 내 학생이요 내 추수할 일꾼이니, 나와 똑같은 대접을 받거든 만족하여라. 아예 기뻐하여라. 그들이 주인인 나를 '똥 묻은 화상'이라고 부르는데, 일꾼들이야 더 무엇을 바라겠느냐?

겁먹지 마라. 언젠가는 모든 것이 밝혀져 모든 사람이 일의 진실을 알게 될 것이다. 그러니 드러내 놓고 진리를 말하기를 주저하지 마라.

괴롭히는 자들이 허세를 부리며 위협한다고 해서 침묵해서는 안된다. 그들이 너희 존재의 중심인 너희 영혼에 할 수 있는 일이란 아무것도 없다. 너희는 너희 삶 전체—몸과 영혼—를 그 손에 붙잡고 계시는 하나님만 두려워하면 된다.

애완용 카나리아의 값이 얼마더냐? 푼돈이 아니냐? 그러나 하나님은 그 새에게 일어나는 일을, 너희가 신경 쓰는 것보다 더 신경 쓰신다. 그분께서 너희에게는 더 정성을 쏟으신다. 세세한 것까지 일일이 돌보시며, 심지어 너희의 머리카락까지 다 세신다! 그러니 괴롭히는 자들의 이런저런 말에 겁먹지 마라. 너희는 카나리아 수백만 마리보다 더 귀하다.

세상의 여론에 맞서 내 편을 들어라. 그러면 나도 하늘에 계신 내 아버지 앞에서 너희 편을 들 것이다. 너희가 겁이 나서 달아난다면, 내가 너희를 감싸 줄 것 같으냐?" 마태복음 10:24-33

❧

그들은 두려웠습니다. 열두 명 모두 두려웠습니다. 그들의 이름을 여러분도 알 것입니다. 베드로, 안드레, 야고보, 요한, 다대오, 바돌로매, 도마, 빌립, 마태, 알패오의 아들 야고보, 가나안 사람 시몬, 가룟 유다. 예수님과 함께 지내도록 부름받은 운 좋은 열두 명의 사내는 모두 두려워하고 있었습니다.

사실 좀 이상합니다. 이해가 되지 않습니다. 이들은 최고로 멋진 복음을 깨달은 사람들이었습니다. 하나님은 그들과 함께 계시고, 그들의 편이었습니다. 그리고 그들은 자신들의 삶이 중요하고, 인정받고, 가치 있고, 사랑받고 있다는 것을 알고 있었습니다. 당시 그들이 가슴 깊숙이 바라던 모든 것은 진짜였을 테고, 정말로 진짜인 것처럼 보였습니다. 예수님과 함께하는 삶은 그들에게 그런 확신을 주었습니다. 그리고 예수님이 제자들을 부르신 것은 자신과 동행하는 삶을 살고, 그 삶을 아직 모르는 이들에게 전하기 위함이었습니다. 하지만 그들은 두려워했습니다.

목사로서 제가 하는 주된 일 중 하나는 여러분에게 그리스도의 삶의 모습을 분명하고 확실하게 제시하고, 그것을 받아들이고 실천하도록 촉구하고 안내하는 것입니다. 저는 두 가지 방식으로 그 일을 하고 있습니다. 먼저, 이러한 삶을 가능하게 하는 예수님의 말씀을 여러분에게 알려 주고 상기시켜 줍니다. 그리고 이것이 실제로 여러분의 삶의 문제가 될 수 있도록 듣고, 이해하고, 여러분과 함께 그리고 여러분을 위해서 기도합니다. 이러한 일을 하면서 갖는 기본적인 확신은, 예수님의 말씀은 처음 전해졌던 그때만큼이나 지금도 여전히 진실하며 그 열두 제자의 인생만큼이나 여러분 개개인의 인생에도 여전히 중요하다는 것입니다.

오늘은 마태복음 중간에 나오는 예수께서 처음 열두 제자를 부르셨던 이야기로 돌아가서, 그들이 어떻게 반응했고, 그들의 반응에 예수님이 어떻게 대응하셨는지 살펴보려고 합니다. 예수님은 우리를 부르시는 것과 마찬가지로 그들의 **이름**을 부르셨습니다. 성인이든 유아든 세례를 줄 때마다 우리는 이름으로 불리는 그 영광을 회복합니다. 즉 우리 각자가 절대적으로 고유하고, 구원을 위해 선택받았으며, 무한히 소중하다는 것을 알게 됩니다. 어떤 회사나 기관도 우리의 가치를 돈으로 환산할 수 없습니다. 믿을 수 없겠지만, 그만큼 우리는 소중한 존재입니다.

그러나 예수께서 계속 이야기를 이어가시자 그들은 앞으로 자신들이 살게 될 삶에 대해 겁을 먹기 시작했습니다. 그들은 익숙지 않고 준비되어 있지도 않은 엄청나게 풍성한 삶으로의 부름을 받고 있었습니다. 예수님은 그들의 감정을 미리 눈치채고 그들의 커져만 가는 불안을 저지하셨습니다. "그러므로 너희는 그들을 두려워하지 말아라. 덮어 둔 것이라고 해도 벗겨지지 않을 것이 없고……몸은 죽일지라도 영혼은 죽이지 못하는 이를 두려워하지 말고……두려워하지 말아라. 너희는 많은 참새보다 더 귀하다."마

10:26, 28, 31

두려워하지 말라. 두려워하지 말라. 두려워하지 말라. 예수님은 세 번씩이나 제자들에게 두려워하지 말라고 말씀하셨습니다.

예수님의 말씀을 진정 제대로 들으면 우리는 그 말씀이 우리를 위한 것이며, 이 인생은 깊고 영원한 의미를 가진다는 것을 알게 됩니다. 그래서 우리는 기뻐합니다. 그러나 우리는 또한 우리가 성장해야 하고, 하나님 앞에서 온전한 인간이어야 하며, 우리가 결코 이해하지 못하는 이유로 인해 우리 주변 대다수의 사람들이 그런 것들에 별로 열광하지 않으리라는 것을 깨닫게 됩니다. 우리는 뼛속 깊이 자신이 제자로 부름받았다는 것을 알고 우리 중에 하찮은 인간은 없다는 것을 압니다. 하지만 주변의 반대는 우리를 늘 불안하게 합니다. 그러나 예수님은 그런 생각을 중지시키고 말씀하십니다. "두려워하지 말라. 네가 위험에 처할 것이라는 생각 때문에 겁먹지 말라. 네가 소수의 무리가 된다는 것 때문에 신경 쓰지 말라. 하나님은 다수의 표로 이 세상을 운영하는 분이 아니

시다. 두려워하지 말라."

약 일 년 전, 하늘이 푸르고 맑았던 어느 여름날, 저는 아내 잰과 함께 자그마한 '파이퍼 컵'Piper Cub을 타고 로키산맥 위를 날고 있었습니다. 그렇게 강 계곡을 따라 날다가 '밥 마샬 야생 구역'이라는 외딴 지역에 착륙했습니다. 하늘을 벗어나 이 목초지로 접근하는데 그곳은 가설 활주로도 없는, 데이지가 흩뿌려져 있고 카스텔리야가 곳곳에 핀 풀밭이었습니다. 저는 좀 무서웠습니다. 풀은 30센티미터, 어쩌면 40센티미터가 넘게 자라 있었습니다. 만일 그 안에 죽은 코요테나 커다란 바위가 있다면 부딪힐 수도 있고 깊은 구덩이가 있다면 빠질 수도 있는 상황이었습니다. 게다가 주변에는 인가 하나 없었고, 3천 미터 높이의 봉우리들이 80킬로미터나 이어져 있어서 병원 응급실도 비행기의 찌그러진 지지대를 고쳐 줄 만한 기계공도 없었습니다.

비행기를 운전한 사람은 노발 헤그런드로, 이 빨간색 '파이퍼 컵'은 그의 비행기였습니다. 노발과 그의 아내 마거릿을 만난 것은 일 년 전의 일이었습니다. 노발의 나이는 일흔 살 정도였습니다. 은퇴한 노르웨이 루터교 목사이기도 한 그는 비행기를 모는 일에 열정을 가지고 있었습니다. 또한 예수 그리스도의 복음에 대해서도 열정이 대단했습니다. 그는 그 두 열정을 결합하여, 알래스카로 가서 그 거대한 땅의 북쪽과 서쪽으로 흩어져 있는 이누이트 회중의 목사가 되었습니다. 그곳에는 마을이나 정착지로 들어서는 진입로가 없었습니다. 노발은 종종 자기 아내와 세 자녀를 태우고 비행기를 몰았고, 강가 모래톱이든 툰드라든, 장애물이 없는 평지라면 어느 곳에서나 착륙했습니다. 그러고는 회중을 인도했고, 하나님을 예배하고 예수님을 따르도록 그들을 훈련시키고 격려했습니다.

노발에게는 저의 흥미를 끈 또 다른 열정이 있었습니다. 노발에게 '열정'이라는 말을 쓰는 것이 적합한지는 잘 모르겠습니다. 노르웨이 루터교인들은 감정을 잘 드러내지 않는 편이니까요. 적어도 노발은 그랬습니다. 그의 목소리는 거의 단음이었습니다. 어떠한 일에도 놀라지 않을 것만 같은 사람이었습니다. 그리스도인의 삶을 살고 나누며 비행기를 모는 것에 더해서 그는 파일 정리에 매료되어 있었습니다. 그는 모든 것을 파일로 정리했고 복잡한 시스템을 만들어 사용했습니다. 그는 모든 것이 제자리에 있는 것을 좋아했습니다. 그의 아내 마거릿은 그런 남편을 좀 피곤해했습니다. 남편이 죽으면 그의 비문에 "파일 안에 있어요"라는 문장을 새길 것이라고 말하기도 했습니다.

어쨌든 우리는 아름다운 목초지에 착륙하고 있었고, 마거릿은 그 비문을 주문할 일이 벌어지지 않기를 바라고 있었습니다. 다행히도 코요테의 시체와 부딪히는 일은 일어나지 않았습니다. 제법 경쾌하게 통통 튀다가 쉽고도 안전하게 비행기는 멈추었습니다. 비행기를 묶어 놓은 뒤에 우리는 제법 떨어져 있는 강 협곡을 향해 하이킹을 했고, 얼마 지나지 않아 수백만 년 동안의 강 침식이 이루어 놓은 장관을 구경했습니다.

그날은 즐거운 일로 가득했고, 우리는 제대로 즐겼습니다. 그러나 두려운 일 또한 많았으며, 그 두려움을 제대로 느꼈습니다. 두려움은 생겼다 사라지기를 반복했습니다. 가까이에 있는 산봉우리를 보고 우리의 아주 약한 비행기를 보니 극심한 공포감이 느껴졌습니다. 그러나 노발은 너무나 여유로웠습니다. 그의 경험은 풍부했습니다. 그는 35년간 이 일을 하면서 아내와 자녀, 이누이트들, 선교사와 목사들을 태우고 알래스카, 노스다코타, 그리고 몬태나 주 전역을 누볐습니다. 이 야생의 아름다움을 우리와 함께 나누면서 보여준 그의 자신감과 즐거움은 우리를 안심시켰습니다. 그래도 우리는 두려워했습니다. 나중에 잰과 서로의 감정을 비교해 보니 우리 둘 다 제법 겁을 먹었던 순간들이 있었습니다. 그러나 두려움 때문에 비행기에서 내리지는 않았으며, 그날의 신비로움을 즐기지 못할 만큼 두려워하지도 않았습니다.

예수 그리스도의 복음은 순전한 선물입니다. 그보다 더 확실한 사실은 없습니다. 그 사실을 기대해 본 적이 한 번도 없기에 우리는 놀라서 비틀거리고, 감탄하고, 혼란스러워하는 것입니다. 그런데도 그 선물은 변함이 없습니다. 이는 은혜의 선물입니다. "하나님께서 세상을 이처럼 사랑하셔서……주셨으니……."요 3:16 그렇게 대단한 선물을 받고 어떤 이가 두려워하겠습니까? 누구든 두려워할 수 있을 것입니다. 열두 제자가 그랬고, 여러분이 그렇고, 제가 그렇습니다. 감당하지 못할 크고 위험한 나라에 있다는 생각이 우리를 두렵게 합니다. 그 사랑, 고통, 끈질긴 인내, 반대, 이 모든 것을 감당할 자신이 없어 두렵습니다. 믿음과 교회라는 이 작은 '파이퍼 컵'이 우리를 지켜 줄 만큼 튼튼하지 않은 것만 같아 두렵습니다. 우리의 소중한 자아가 부서져 황폐하게 되거나 심지어 죽을까 봐 두려움에 떨고 있습니다. 그리고 그 두려움은 우리를 가둡니다. 두려움 때문에 생명의 문을 잠그고 창문을 닫은 채 자기 안에 웅크리고 앉아 우리 삶을 아늑하고 안전하고 예측 가능하도록 만들고자 합니다.

그런 일이 일어나지 않기 위해 이곳에서, 이 장소에서, 우리는 예수님의 말씀을 다시 들으며 제자로서의 정체성을 깨닫습니다. 두려움은 우리를 가두지 못합니다. 볼 것은 많고, 경험할 수 있는 것도 너무나 많으며, 우리에게는 사랑해야 할 사람들 또한 많이 있습니다. 예배를 받으시는 주님은 참으로 놀라운 분이시기에, 우리에게 두려움의 대상이란 전혀 없습니다.

아멘.

제4일

들으라

그가 이렇게 말을 하고 있는데, 빛처럼 환한 구름이 그들을 덮더니 구름 속 깊은 데서 한 음성이 들려왔다. "이는 내가 사랑으로 구별한 내 아들, 내 기쁨의 근원이다. 그의 말을 들어라." 마태복음 17:5

ↁ

그동안의 설교 기록을 확인해 보니 제가 오늘 본문을 가지고는 설교를 한 번밖에 하지 않았다는 것을 알게 되었습니다. 왜 그랬을까 곰곰이 생각했습니다. 이 본문을 계속 보고 읽고 준비하면서 그 이유를 알게 되었습니다. 마태복음 17:5은 복음서에서 가장 설교하기 어려운 본문 중 하나입니다. '변모'에 관해 도대체 무엇을 말하겠습니까? 무엇을 말할 수 있습니까? 이를 두고 설교자들이 대응해 온 고전적 방법들이 있지만, 여러분에게 적합한 것으로 와 닿는 것은 하나도 없었습니다. 그렇게 이 본문에서 일어난 사건을 파헤치면서 준비하던 중에 어떤 한 사람이 제 서재로 와서 이제 막 자신에게 일어난 일을 이야기해 주었습니다. 그가 이야기를 마쳤을 때, "이 이야기를 회중에게 전한다면 어떻게 전하는 게 좋을까?" 하는 생각이 들었습니다. 그는 자리를 떴고, 저는 더 이상 그의 이야기에 대해서 생각하지 않았습니다. 그리고 다시 책상으로 돌아와 앉았는데, 그의 이야기와 이 본문이 제 생각 속에 절묘하게 연결되어 있었습니다. 하루인가 이틀 후 그에게서 전화가 왔습니다. 그가 말했습니다. "제가 정말로 그 이야기를 해야 한다고 생각하시면 하겠습니다."

저는 목사입니다. 그래서 성경을 읽고, 신학을 이해하고, 예수 그리스도의 교회의 역사에 대해서 여러분에게 이야기하는 것이 어렵지 않습니다. 목사인 저에게는 목사의 접근 방법이 있습니다. 그러나 여러분은 저와 다른 훈련을 받았습니다. 빌 모리츠 박사는 신학자가 아니라 화학자로 훈련을 받은 사람입니다. 우리는 같은 세계에 살고, 같은 문제를 해결하며 살아야 하지만, 우리의 머릿속에는 서로 다른 것들이 있고 서로 다른 시각들이 있습니다. 그래서 저는 빌에게 제게 나눈 것을 여러분에게도 이야기해 달라고 했고, 그러면 제가 그 두 가지를 서로 결합시켜 보겠다고 했습니다. 제가 이 본문에서 읽은 것과 빌이 최근에 경험한 것을 오늘 아침에 우리는 복음으로 듣도록 하겠습니다.

빌: 이것은 최근 애틀랜타에서 저희 가족이 경험한 일입니다. 우리는 도심을 지나는 고속도로 위에서 운전하고 있었고, 교통량은 많지 않았습니다. 시속 80킬로미터 정도로 달리는 가운데, 수직 다리의 교대가 길에서 불과 얼마 떨어지지 않은 채 이어져 있는 곳의 좌회전 커브 지점에 도달했습니다. 저는 마침 안쪽 차선에 있어서 교대 때문에 전방이 잘 보이지 않았지만, 크게 신경 쓰지는 않았습니다. 나머지 차선에서 차들이 순탄하게 가고 있었고 교통량이 많지 않아서 차선을 바꾸지 않았습니다.

그렇게 커브길의 절반 정도를 지나는데, 제 차선의 차량들이 완전히 정지 상태로 늘어서 있는 것이 보였습니다. 제가 그 차들을 보았을 때 제 차는 여전히 시속 80킬로미터로 달리고 있었고 제 차선 바로 앞의 차와는 불과 차 한 대 거리밖에 되지 않았습니다. 나중에 계산을 해보니 시속 80킬로미터로 가고 있었다는 것은 초당 22미터를 가고 있었다는 것이고, 바로 앞차가 불과 5미터 앞에 있었다면, 4분의 1초만에 저는 그 차와 충돌하게 되는 것이었습니다.

그 상황을 피하기 위해서는 적어도 앞차를 본 시점에서 8분의 1초 안에 바퀴를 돌려야 했습니다. 대부분의 사람이 깜짝 놀랄 일을 당하면 눈을 깜박이는 것 외에 할 수 있는 다른 행동은 없으리라 생각합니다. 특히 15시간을 계속해서 운전해 온 경우라면 말입니다. 앞차를 들이받지 않기 위해서는 마법 같은 일이 필요했는데, 그럴 만한 여지가 없어 보였습니다. 이미 속도를 내고 있었고, 앞차를 곧 들이받게 될 상황이었으며, 저는 액셀에서 발을 떼지도 못했습니다.

그 후로 일어난 일은 다음과 같습니다. 결국 우리는 앞차와 충돌했습니다. 그런데 놀랍게도 차가 받은 충격은 새가 창문을 치고 가는 정도에 불과했습니다. 뒷좌석에 앉아 있던 아이들은 무슨 일이 있었는지 모르는 것 같았습니다. 이 모든 일이 순식간에 일어났기 때문에, 제가 이성적이지 않았다면 솔직히 믿지 못했을 것입니다. 하지만 저는 이성적인 사람입니다. 그 순간에 제가 할 수 있는 일이라고는 일어나는 일을 그저 지켜보는 것뿐이었습니다. 그런데 도움이 필요했던 순간에 도움이 온 것입니다.

이야기를 전달하는 과정에서 많은 것을 놓치게 된 것은 저도 잘 알고 있습니다. 다른 누군가가 동일한 이야기를 했다면 그 이야기를 들은 제가 무슨 생각을 했을지 잘 압니다. 아마도 저는 "앞차와 그렇게까지 가깝지는 않았을 거야. 어느 정도 서행을 했겠지"라고 생각했을 것입니다. 하지만 제가 직접 경험한 것을 여러분에게 말씀드리는 것입니다. 저는 현장에 있었고, 주님이 개입하셔서 저희 가족을 지켜 주셨습니다. 정말로 감사할 따름입니다.

고마워요, 빌. 이제 저의 고민을 이해하시겠습니까? 빌이 어떻게 도움을 받았는지 이해하시겠습니까? 여러분은 제가 하나님의 개입에 대해 말하는 것을 기대합니다. 하지만 정작 여러분은 하나님이 개입할 것이라고 정말로 기대하지는 않습니다. 이 본문을 연구하면서 제가 하려고 한 것은 여러분에게 들려줄 수 있는 실제적인 이야기를 찾는 것이었습니다. 여러분 대부분이 빌처럼 과학적 교육을 받았고 그래서 증거를 찾는 데 익숙하기 때문입니다. 저도 그런 세상과 너무 동떨어져 살고 싶지 않기 때문에, 세 남자가 높은 산에 올라가서 환상을 보았다는 성경본문을 마주할 때 여러분과 전혀 다른 생각을 하고 싶지 않습니다. 무언가 현실적인 이야기, 실험해 볼 수 있는 그런 이야기를 들려주고 싶습니다. 그런 식의 사고를 하고 있는데 빌이 와서 제게 기적에 대한 이야기를 해준 것입니다. 그가 이야기 속에서 **하나님**이라는 단어를 사용하지는 않았지만, 이야기의 추론은 결국 하나님의 인도하심으로 이어졌습니다. 빌과 그의 가족이 하나님의 은혜로 보호받은 것입니다.

약간은 부끄러웠습니다. 하나님에 관해서 말해야 하는 목사가 사람에 관해서 말하려고 애를 쓰고 있는데, 실용적인 일을 하는 빌이 와서는 제게 하나님에 관한 이야기를 했으니까요. 우리는 서로가 필요합니다. 그렇지 않습니까? 설교에는 이러한 종류의 중보가 필요합니다. 그러한 중보를 통해서 우리에게 주어지는 하나님의 말씀을 함께 듣고, 우리 삶에서 변화가 일어나는 곳에서 그 말씀을 발견합니다. 그럼으로써 우리는 초자연과 자연 모두를 희생시키지 않고 보존할 수 있게 됩니다.

변화산은 바로 그러한 연결이 일어나는 장소 중 하나입니다. 그것은 황홀경의 경험입니다. 하나님이 말씀하시는 것을 듣고, 평범하지 않은 일을 행하시는 것을 보며, 그 일이 너무도 설득력이 있어서 잊지 못하는 것입니다. 그래서 그 경험은 계속 우리를 따라다니고 우리 안에 머물게 되는 것입니다. 여기에 예수님의 제자들이 있습니다. 그들은 여러 해 동안 예수님과 함께 다녔고 베드로는 이제 막 자신의 고백을 드렸던 시점이었습니다. "선생님은 살아 계신 하나님의 아들 그리스도십니다."마 16:16 그러자 예수님은 그들을 높은 산으로 데려가셨고, 그곳에서 그들은 환상과 함께 이 말씀을 들었습니다. "이는 내 사랑하는 아들이다……너희는 그의 말을 들어라."마 17:5 이러한 이야기는 어떻게 들려주어야 합니까? 이 믿기 힘든 개인적인 경험을 말입니다. 빌이 자신의 이야기를 들려준 것처럼 할 수밖에 없습니다. 오늘 아침 그가 여러분 앞에서 나눈 일과 비슷한 일을 경험하게 되면, 우리 또한 그와 같이 공개적으로 고백하게 될 것입니다. 이런 일들은 말하자면 시장에서는 잘 하지 않는 이야기입니다. 하지만 이곳은 시장이 아닙니다. 여기는 교회이고, 하나님의 백성이 모인 곳이며, 그 하나님은 우리가 때로 상상할 수 있는 것 이상의 일을 즐겨 하시는 분입니다.

베드로, 야고보, 요한이 자기 눈앞에서 예수님이 변모하는 것을 보았을 때, 예수님은 전보다 더 영광스러운 모습이었습니다. 이때 일어난 일을 설명하는 그리스어를 영어로 번역하면 '메타모포시스'metamorphosis, 달라진, 변형된입니다. 그날 그 산에서 일어난 일은 안에 있던 것이 밖으로 나왔고 그것을 세 남자가 본 것입니다. 그리고 아주 실제적인 방식으로 그들은 달라졌습니다. 그 이후로 그들이 실재를 이해하는 방식은 달라졌습니다. 바울도 그것과 동일한 단어를 사용했습니다. "이 시대의 풍조를 본받지 말고, 마음을 새롭게 함으로 **변화**를 받아서……."롬 12:2 여기서 '변화'는 '변모'와 같은 어원의 단어입니다. 세상의 관점으로 보아도 우리 삶에 정말로 믿을 수 없는 일들이 일어나는 것을 목격할 수 있습니다. 우리는 변화되어야 합니다. 생각하는 것, 보는 것, 사는 것이 달라져야 합니다. 우리는 베드로, 야고보, 요한 그리고 빌처럼 우리가 보고 들은 모든 것의 증인이 되어야 합니다.

아멘.

마가복음

A Month of Sundays

제5일

시작

예수 그리스도의 복된 소식, 곧 메시지는……여기서부터 시작된다.

마가복음 1:1-3

℘

중요한 일은 무엇이든 그 시작이 핵심입니다. 그리스도의 삶으로
들어오면서 우리가 존재의 가장 중요한 자리, 삶 전체의 기반이
되고 그 삶의 여러 활동의 기반이 되는 자리로 들어섰다는 것을
부인할 사람은 아무도 없을 것입니다. 만일 그것이 사실이 아니라
면 우리는 완전히 환상 속에 사는 자들이 될 것입니다. 이 시작을

성공적으로 하려면 세 가지가 중요합니다. 우리가 사용하는 **단어**, 우리가 가진 **정신의 틀**, 그리고 우리가 시작하는 **장소**. 이 세 가지는 거의 모든 시작에서 중요합니다.

우리가 사용하는 단어는 우리 앞에 놓인 일을 이해하는 능력을 결정합니다. 그것은 단지 단어의 사전적 의미를 아는 문제가 아니라, 그것을 충분히 사용한 경험이 있어야 합니다. 청소년기의 문제는 의미를 제대로 알 만큼 충분히 단어를 사용한 경험이 없고, 그래서 종종 혼란, 오해, 절망에 빠진다는 것입니다. 예를 들어, "당신을 사랑합니다"라는 말은 무슨 뜻입니까? 이 말을 이해하는 데 사전은 별 도움이 되지 않습니다.

정신의 틀 또한 시작에서 매우 중요합니다. 객관적인 내용이 무엇이든, 그것에 대한 정신적 접근이 잘못되면 그 내용을 인지하거나 이해할 수 없습니다. 나이아가라 폭포를 보면서 그 물줄기를 고칠 수 있는 배관공을 안다고 말한 어느 전설적인 텍사스 사람과 함께 있느니 차라리 그 천둥 같은 폭포 소리에서 선지자의 목소리를 듣고, 솟아오르는 무지개에서 천사의 옷을 보는 시인과 함께 있는 편이 나을 것입니다.

우리가 시작하는 장소도 중요합니다. 잘못된 관점에서 시작하면 설정한 목표에 결코 도달하지 못할 것입니다. 앞에 코끼리를 두고 그것을 설명해 보라는 과제를 받은 여섯 명의 인도 시각장애인 이야기를 들어 보셨을 것입니다. 그들은 서로 다른 자리에서 시작했습니다. 첫 번째 사람은 코끼리의 코를 잡고 그것을 커다란 뱀과 같다고 했습니다. 두 번째 사람은 앞다리에 부딪히고는 그것을 마치 숲과 같다고 했습니다. 세 번째 사람은 사다리를 가져와 코끼리의 측면에 대고 올라가서는 그것을 뚫을 수 없는 거대한 벽이라고 했습니다. 네 번째 사람은 꼬리를 잡으면서 그것은 밧줄과 같은 생물이라고 했습니다. 다섯 번째 사람은 코끼리의 네 다리 중앙의 배 밑에 갇혀서는 그것을 일종의 동굴이라고 했습니다. 그리고 여섯 번째 사람은 커다란 귀를 만지면서 고무 시트라고 설명했습니다. 그들은 모두 일정 부분 옳았지만, 결정적으로는 틀렸습니다.

편리하게도, 그리스도의 삶으로 오는 데 있어서 시작이 잘못되었던 지난 이백여 년의 역사가 우리 앞에 있기 때문에 일부 사람들이 했던 실수로부터 우리는 교훈을 얻을 수 있습니다. 사람들은 그리스도의 삶을 접하고는 바른 단어와 정신적 태도, 옳은 장소에서 시작해야 한다는 것을 무시하고 자기 자신에서부터 시작했습니다. 따라서 그리스도를 자신의 작은 정신 안으로 꾹꾹 밀어 넣었고, 그 결과 늘 약간의 진실은 있었지만 옳기보다는 틀린 것이 더욱 많았습니다. 소설과 문학에서 예수님은 사회 혁명가로 등장했고, 윤리적 개척자, 종말의 선언자, 세계 최고의 세일즈맨, 친절한 친구이자 어린아이에게 이야기를 들려주는 사람, 소박한 시골 사람, 친구들과 함께 풍랑이 이는 갈릴리 호수를 건너는 모습이 인상적인 거친 어부, 낭만적인 종교 지도자, 프로이트적 신비가, 최초의 공산주의자, 최초의 나치 등 여러분이 생각할 수 있는 거의 모든 모습으로 등장했습니다.

이러한 묘사들은 1700년대 초 예수의 생애에 대한 글이라는 제목을 달고 나오기 시작했는데, 결국 독일의 어느 젊은 신학자에 의해서 중단되었습니다. 그가 쓴 기념비적이고도 파괴적인 책의 제목은 『역사적 예수 탐구』입니다. 그는 예수님에 관한 역사들 중 10분의 9가 선전propaganda이고 10분의 1은 불확실한 역사라고 했습니다. 책 한 권을 쓸 만한 충분한 역사도 없을뿐더러, 그 간극을 메워서 제대로 책의 형태를 갖추려면 해석과 상상력으로 직조되어야 한다는 것이었습니다. 그는 예수님의 생애 역사에 관해 쓰는 일은 불가능하다는 것을 보여주었습니다. 왜냐하면 우리가 가진 것이라고는 쓸데없이 로마인으로부터 죽음을 자초한 갈릴리호숫가의 어떤 어리석고 모호한 사람의 모습이 전부이기 때문입니다. 이에 대한 회의와 절망을 끌어안게 된 그 젊은 신학자는 신학과 예수님의 생애에 대한 연구를 비관적으로 여기게 되었고, 결국 그 일을 포기하고 아프리카로 떠나 의사로 살게 되었습니다. 그는 오늘날 위대한 박애주의자로 잘 알려진 알베르트 슈바이처 Albert Schweitzer 입니다.

이것이 바로 예수님의 생애에 대해서 쓰고자 했던 시도의 역사이자 운명입니다. 그분의 생애를 보면서 우리 스스로 그 가치를 평가해 보았을 때 전망이 썩 밝아 보이지 않습니다. 그렇다면 어떻게 해야 합니까? 우선, 시작을 다르게 해야 합니다. 그분의 생애에 대해 쓰지 않는 것입니다. 하지만 우리는 예수님의 생애를 가지고 무엇인가를 해야 합니다.

우리는 그리스도인이 됨으로써 그리스도의 이름을 취했습니다. 그리고 그분의 교회의 일원으로서 제자도를 약속했습니다.

그리고 몇 가지 측면에서는 실제적으로 날마다 그분의 삶에 응답합니다. 그리스도의 삶은 우리 각자에게 실제적으로 중요하지만, 그 중요성을 우리가 가늠하고 소화하는 일에 있어서는 예수님의 생애에 관한 문학적이고 신학적인 기록의 이야기에서 보았던 것과 같은 위험이 있습니다. 무엇이든 자신이 선호하는 삶을 살면서 예수님의 이름으로 위장할 위험이 있습니다. 그리스도인의 모습을 전면에 선전용으로 내세우고 그 내용은 알아서 채워지도록 하는 것입니다. 그리고 회의에 빠질 위험 또한 있습니다. 예수님의 생애가 진정으로 역사성을 갖는지 의심하기도 하고, 1세기와는 매우 다른 분주한 기술 사회에서 가족을 꾸리고 노동을 하고 긴장을 안고 사는 우리에게 예수님의 삶이 주는 실제적인 가치가 별로 없다고 여길 수도 있습니다. 마지막으로, 우리는 슈바이처가 한 일로 인해 또 다른 위험에 처해 있습니다. 그것은 모든 것을 제쳐 두고 자기 길로 들어서는 것이며, 자신에게 있는 불빛을 가지고 할 수 있는 최선의 행동을 하는 것입니다.

제6일

복음

시작을 잘못하면 모든 것이 선로를 이탈하게 되어 그리스도의 삶에서 진정한, 그리고 실제적인 것을 하나도 발견하지 못하거나 살아 내지 못하는 완전한 실패를 낳을 수 있습니다. 그래서 예수님의 삶을 주의 깊게 들여다보는 것이 중요합니다. 마가를 따르고 있기 때문에 그 임무는 조금 더 수월합니다. 마가는 주의를 깊게 기울인 채 시작합니다. 그는 특정한 정신적 틀을 가지고, 특정한 장소에서, 특정한 단어로 시작합니다. 이 세 가지가 그리스도의 삶의 입구에 서 있고, 그래야 하는 이유는 충분합니다.

특정한 단어는 첫 문장에 나옵니다. "예수 그리스도의 복음의 시작은 이러하다."^{막 1:1} 여기에서 중요한 단어는 **복음**입니다.

이는 유대 사회에서나 이방 사회에서나 마찬가지로 오래된 단어입니다. 이 말은 복된 소식이 나왔다는 뜻입니다. 하지만 신문의 헤드라인에서 볼 수 있는 그저 평범한 복된 소식은 아닙니다. 이것은 특별히 그 나라와 관련되며, 왕의 통치와 관련된 소식이었습니다. 이것은 왕의 어떤 선언이나 행동에서 비롯된 백성을 향한 기쁜 소식이었습니다. 다른 어떤 단어보다도 먼저 사용된 이 단어는 마가의 책이 무엇보다 예수 그리스도의 통치에 대한 내용이라는 것과 그 내용이 기쁘게 받아들여지리라는 것을 말해 줍니다.

이 단어를 사용했다는 것은 결말을 아는 사람의 관점에서 이 이야기가 기록되었다는 것을 나타냅니다. 즉 부활의 관점에서 기록되었다는 것입니다. 마가는 신자였고, 초대교회의 교제에 참여했으며, 부활하신 그리스도의 능력과 현존을 알았습니다. 따라서 예수님에 관한 이 이야기를 기록하는 그는 당연히 설교자로서, 예수님의 고유한 활동들, 실제적이면서 모두와 상관이 있는 활동들을 통해 그분이 우리 삶을 다스리는 왕이시라는 것을 보여줍니다.

그래서 예수님의 탄생이나 유년기에 대한 정보는 하나도 없습니다. 정치적 배경, 사회적 배경, 가족 상황에 대한 정보 또한 없습니다. 오늘날 이런 요소들은 전기를 쓸 때 매우 중요하게 여겨집니다. 그러나 마가는 한 인물의 생애에 대한 글을 쓴 것이 아니라 복음을—하나님의 통치의 복된 소식을—선포하고 있는 것이었고, 따라서 복음과 관계있는 내용들만을 기록했습니다. 이것이 의미하는 바는 예수님의 생애에서 우리가 발견해야 하는 것이 모방할 만한 어떠한 이상적인 삶이 아니라는 것입니다. 우리가 순종할 수 있는 주인이자 왕으로서의 예수님을 발견해야 합니다.

복음이라는 단어로 시작한 마가의 정신적 틀은 세례 요한이 제공해 주었습니다. 모든 복음서에서 세례 요한은 예수님의 공생애를 시작하는 데 결정적인 역할을 합니다. 모든 전통에 따르면, 그는 처음부터 하나님의 구원 계획의 빛 가운데 서 있었습니다. 요한은 예수 그리스도의 복음의 일부였습니다.

요한은 사람들에게 회개를 요청함으로써 특별한 정신 상태—필수적인 정신적 틀—를 제공했습니다. 회개는 방향을 틀고, 자신에게 익숙한 삶의 양태를 바꾸고, 자신의 위치를 재설정하는 것입니다. 회개란 전에는 보이지 않았던 새로운 지평선을 연다는 뜻이기도 합니다. 이것은 단지 개인의 내면적 삶을 새롭게 회복하는 것 이상의 문제이며 그 너머로 확장하는 일입니다. "뒤로 돌아!" 그것은 앞으로 올 세상의 변화를 위해서 지금 준비한다는 뜻입니다.

그리스도의 복음은 이미 빈틈없이 바쁜 인간의 삶에 단지 또 하나의 무언가를 추가하는 것이 아니었습니다. 복음은 사물을 바라보는 또 하나의 방식이나 새로운 명령, 혹은 감탄하고 어쩌면 따를 수도 있는 특별히 영웅적인 모범에 불과한 것이 아니었습니다. 그리스도의 복음은 복된 소식이었는데, 이는 **새로운 나라**에 대한 복된 소식이었습니다. 그런데 나라란 그 정의상 배타적일 수밖에 없습니다. 한 장소 안에 두 나라는 동시에 존재할 수 없습니다.

회개는 이러한 새로운 통치를 위한 준비 행위였습니다. 이 일은 앞으로 올 다른 나라에 대비하여 기존의 나라를 버리는 일이었고, 빛이 잘 들고 환기가 잘되는 새 건물이 들어설 수 있도록 낡은 건물을 부수는 일이었습니다. 그리스도의 복음은 우리가 백화점의 물건처럼 이리저리 살펴보며 마음에 드는 것을 고르고 선택할 수 있는 그런 것이 아닙니다. 그것은 한덩어리입니다. 절대적 통치와 정부를 가진 나라가 들어서는 것입니다. 그것을 받을 수 있는 유일한 길은 우리를 차지하던 이전의 모든 것으로부터 돌아서서 전부를 받아들이는 것입니다.

세례 요한은 우리가 진정으로 그리스도를 이해할 수 있도록 정신적 역전을 일으키는 일을 맡았습니다. 그렇기 때문에 교회는 [요한에게] 단지 일시적이고 이제는 끝난 임무를 맡긴 것이 아니라……영원히 그리스도의 길을 준비하는 사람으로, 말하자면 [우리 삶의] 영겁의 경계선을 지키는 사람으로 인정한 것입니다. 그리스도께로 가고 하나님 나라로 들어가는 것은 단지 지나간 과거 역사의 한 시점인 세례 요한을 통해서가 아니라, 그가 보여준 영원한 회개의 길을 통해서만 가능합니다. 예수 그리스도에 대한 믿음은 신자가 자기 자신을 위해서 그리고 자기 자신 안에서 이 영겁의 삶의 영역의 전환이 자기 인생에 일어나게 할 때에만 존재합니다.[3]

제7일

사막

사막은 이 말씀(복음)이 선포되고 이 특별한 정신의 틀(회개)이 계발되는 곳입니다.

"고대부터 사막은 종말에 대한 이스라엘의 기대와 연관된 장소였다. 종말은 시작과 같을 것이라고 고대 사람들은 믿었기 때문이다."[4]

토머스 머튼은 사막에 대해서 다음과 같이 말합니다.

"사막 교부들은 광야가 인간에게는 아무런 가치가 없다는 바로 그 이유에서 하나님의 눈에는 매우 소중한 장소로 여겨졌다고 믿었다. 광야는 인간이 낭비할 수 없는 장소였다. 인간에게 줄 수 있는 것이 아무것도 없었기 때문이다. 그 안에는 매력을 느낄 만한 것이 아무것도 없었다. 착취할 것도 없었다. 사막은 선택받은 백성이 40년을 방황하면서 오직 하나님으로부터 돌봄을 받은 장소다. 그들이 곧장 직진했다면 불과 몇 달 만에 약속의 땅에 도달했을 것이다. 하나님의 계획은 그들이 광야에서 하나님을 사랑하는 법을 배우고, 훗날 그 사막에서의 시간을 오직 하나님하고만 보냈던 가장 행복한 시기로 기억하게 하려는 것이었다."[5]

마가는 사막에서 사역을 시작하면서 사람들에게 회개를 요청한 요한의 모습을 보여주고, 사막에서 40일간 유혹을 견디면서 사역을 시작하시는 예수님의 모습도 보여주었습니다. 이 복음서의 기원은 사막입니다. 사막은 모든 유혹이 극복되고, 외부의 세계가 아무런 방해를 할 수 없는 황량한 장소이자 고요한 지역입니다. 그래서 하나님은 사막에서 가장 자유로이 영혼에게 말씀하실 수 있습니다.

복음이라는 새로운 단어를 통해 우리는 하나님 나라의 서광을 볼 수 있습니다. 만일 회개가 그 새로운 하나님의 통치가 우리 삶으로 뚫고 들어오는 것을 열린 마음으로 자유롭게 받아들이려는 의지의 행위이자 새로운 정신적 상태라면, 사막은 우리가 그 일을 하는 장소입니다. 사막은 가난과 공허함의 표지입니다. 이는 하나님 앞에서 우리의 벌거벗음을 상징하고, 기꺼이 모든 것을 버리고 그분을 따르고자 하는 우리의 자세를 상징합니다.

좋은 책에 푹 빠져들고 싶다면 우리는 시끄러운 버스정류장을 독서 장소로 택하지는 않을 것입니다. 그 대신에 조용하고 사적인 장소로 물러가서 그 책에 전적으로 몰입할 것입니다. 소중한 사람과 대화하고 싶을 때도 마찬가지입니다. 아무런 방해거리가 없는 장소로 그 사람을 데려가기 마련입니다. 시험공부를 할 때는 어떻습니까? 방문을 잠그고, 라디오를 끄고, 공부해야 하는 내용에 전적으로 집중합니다. 이와 마찬가지로, 그리스도의 삶이 우리 삶에 혁명적인 영향을 미치게 하고 싶을 때 우리는 사막으로 갑니다.

지리적인 측면에서 볼 때 늘 가능한 것은 아닙니다. 그러나 영적으로 집중하는 것을 심각하게 방해하는 욕망, 세상의 기준, 음악, 말소리, 그리고 이 세상의 소음을 인정하고 그것을 해결하는 영적인 방법을 취할 수는 있습니다. 우리는 자신만의 사막을 만들어야 하며, 그 사막은 실제로 만들 수 있습니다. 어떤 사람들은 이 세상의 빵이 우리 삶에서 가장 중요한 양분이 아니라는 것을 상기하기 위해서 금식을 합니다. 어떤 사람들은 자신이 표방하는 영적인 삶을 위해 정신적·영적 훈련을 할 수 있는 희생적이고 절제된 행동을 합니다.

우리 교회에서는 그러한 일들에 대한 강제나 규칙이 없습니다. 하지만 마가는 복음이 사막에서 시작된다고 분명히 증언합니다. 사막은 목표를 분명히 하고 관점을 새롭게 하는 장소입니다. 순종과 훈련으로 공기가 더 깨끗하고 맑아질 때 우리는 그분의 삶이 우리의 삶으로 들어오는 것을 볼 수 있습니다. "고도에 따라 달라지는 것은 하늘이 아니라 땅이다."[6] 그 깨끗한 공기 속에서 우리는 이 세상의 공허함을 보고 하나님 통치의 충만함을 봅니다.

이 새로운 단어인 '복음', 이 새로운 정신적 틀인 '회개', 그리고 이 장소로서의 '사막'에서 시작함으로써 그리스도의 삶은 우리 삶 깊숙한 곳으로 들어올 것이고 우리를 새로운 피조물로 형성할 것입니다. 시작은 너무도 중요합니다. 지름길은 없습니다. 모든 것이 여기에 달려 있습니다. 예수 그리스도를 통해서 하나님의 통치는 이미 이곳에 있고 우리 삶을 뚫고 들어올 준비가 되어 있기 때문입니다.

아멘.

제8일

회개

세례자 요한이 광야에 나타나서, 삶을 고쳐 죄 용서를 받는 세례를 선포했다. 마가복음 1:4

∽

요즘에 제법 인기가 있는 문안 카드를 보신 적이 있습니까? 거기에는 "회개하고 구원을 받으라"는 메시지가 적혀 있습니다. 그리고 '회개'라는 단어에는 별표로 각주 표시가 되어 있고, 그 각주에는 "이미 회개했다면 이 알림을 무시하십시오"라고 적혀 있습니다. 혹 여러분도 이미 회개하셨다면, 이 설교를 무시하면 됩니다.

오늘 설교가 바로 회개에 관한 것이기 때문입니다. 하지만 아직은 일어서지 마십시오. 여러분과 제가 회개에 대한 동일한 이해를 하고 있는지 확인하고 싶기 때문입니다. 듣다가 중간에 자신은 회개했다는 생각이 든다면 나가서도 됩니다. 입구에 헌금을 받는 봉사위원이 있을 것입니다.

'회개'라는 단어에는 흥미로운 역사가 있습니다. 히브리어로 이 단어는 원래 "숨을 깊이 들이마시고 한숨을 내쉬다"라는 뜻입니다. 슬픔과 회한을 깊이 느끼는 것입니다. 회개의 근원을 말하는 것 같습니다. 회개가 일어날 때는 자신의 잘못을 깨닫고 마음이 불편하여 그 불편함을 느끼는 정도가 깊이 나타나게 되는데, 그 불편함은 사람의 마음을 파고들어 신음과 한숨 그리고 깊은숨을 내쉬게 합니다. 이것이 어떤 상태인지 우리는 모두 압니다. 특정한 느낌과 함께 일어나는 회개의 그러한 측면을 우리는 알고 있습니다.

흥미롭게도 그 단어의 사용이 성경에서는 그리 오래가지 않았습니다. 아주 빠르게 저자들은 같은 행동을 일컫는 말로 다른 단어를 사용했는데, 그 단어의 의미는 '돌아오다' 혹은 '되돌아서 가다'라는 뜻입니다. 이것은 '느낌'feeling의 단어가 아닌, '행동'action의 단어입니다. 선지자들의 영향 아래서 회개는 느끼는 무엇이 아니라 행하는 무엇이 되었습니다. 그래서 성경이 말하는 회개를 이해하려면 바로 그것을 머릿속에 제대로 심어 놓아야 합니다. 깊은숨 한 번 쉬고 기분이 나아졌을 때를 가리켜 회개한 것이라고 말하지 않습니다. 돌아서서 되돌아가거나 아니면 하나님을 향해 갈 때에만 회개했다고 말할 수 있습니다. 느낌이 어떠한지는 아무런 상관이 없습니다. 느낌이 있을 수도 있지만, 느낌이 꼭 필요한 것은 아닙니다. 중요한 것은 무엇인가를 행한다는 것에 있습니다. 회개로의 부름은 죄에 대한 회한을 느껴 보라는 부름이 아니라, 하나님이 죄를 해결하실 수 있게 돌아서라는 부름입니다.

세례 요한은 우리 주님의 선구자라고 불렸습니다. 그는 길을 예비했습니다. 사람들이 예수 그리스도의 말씀을 듣고 반응할 수 있게 준비시켰습니다. 그가 사용했던 방법은 회개를 설교하는 것이었습니다. 그가 한 이야기는 사실 그게 전부입니다. 그가 한 말에 대해서 우리가 아는 전부가 바로 회개의 세례입니다. 그가 사람들을 불러 모아 그들의 감정에 호소하면서 "여러분은 잘못 살았습니다. 여러분이 살아온 삶에 대해 마음이 불편하지 않습니까? 눈물을 좀 흘리십시오"라고 말하지 않았다는 것을 기억하십시오. 그는 그렇게 하지 않았습니다. 요한은 자기 시대에 와서는 행위의 의미를 갖게 된 단어를 사용했습니다. 그는 이렇게 말했습니다. "돌아서십시오. 다른 방향을 보십시오. 다른 방향으로 가십시오. 하나님이 여러분에게로 오십니다. 준비하십시오."

오자크 산맥 지방에서는 단 하나의 음만으로 연주하는 바이올린 연주자에 대한 옛이야기가 있습니다. 어느 날 어떤 사람이 그에게 다가와서 말했습니다. "지키, 다른 연주자들은 다른 음들로도 많이 연주하는데, 어째서 당신은 한 음만으로 연주합니까?" 그가 대답했습니다. "다른 사람들은 모두 정확한 음을 찾느라 그러는 것이고, 나는 이미 찾았기 때문입니다." 세례 요한으로부터 받은 인상이 바로 그와 같습니다. 그는 자신이 연주하는 하나의 음이 있었고, 그것만 계속해서 연주하고 또 연주했습니다.

　　다른 많은 사람들은 메시아의 오심에 대해서 여러 다른 소리를 냈습니다. 어떤 사람들의 말은 훨씬 흥미로웠지만, 요한은 그저 계속해서 "회개, 회개, 회개"라는 하나의 음만을 냈습니다. 왜냐하면 요한은 구원의 문제에 있어서 우리가 할 수 있는 일이 별로 없다는 것을 알았기 때문입니다. 하나님은 필요한 모든 일을 전부 하셨습니다. 하나님은 우리를 위해 생명을 준비하시고 구원을 준비하셨습니다. 정말 멋진 일입니다. 복잡하고, 정교하고, 경이로운 일입니다. 이에 대해 우리가 기여할 수 있는 것은 별로 없습니다. 구원에 관해서라면 사실상 우리가 기여할 수 있는 것이 하나도 없다고 말할 수 있을 것입니다. 하지만 우리가 해야만 하는 일이 있는데, 그것은 돌아서는 것입니다.

　　그 길로 가야 합니다. 그 방향으로 우리 자신을 열어야 합니다. 그래서 '회개'라는 단 하나의 음, 요한의 단 하나의 메시지는 그 이상으로 복잡해지지 않았습니다. 그는 화려하게 포장하지 않았고, 복잡한 교리를 우리에게 설명하려 들지도 않았습니다. 그는 하나님이 예수 그리스도 안에서 우리를 데리고 무엇인가를 하실 수 있도록, 다만 우리가 돌아서기를 바랐습니다.

제9일

행복

그런데 이 회개에는 구약성경의 선지자 이사야에게서 비롯된, 그리고 요한의 메시지의 일부가 되기도 한 중요한 요소가 하나 있습니다. 이 회개에는 어떤 즐거운 기대 같은 것이 있습니다. 여러분이 세례 요한에 대해 어떠한 이미지를 가지고 있는지 모르겠습니다만, 그를 전형적으로 그려 온 방식은 엄격하면서도 침울한 모습, 심지어 화가 나 있는 모습입니다.

'회개'를 말할 때, 만화에서는 주로 사람들이 화가 난 표정으로 이 말을 합니다. 세상의 종말이 오고 있다는 플래카드를 들고 서 있는 사람의 경우처럼 말입니다. "회개하라. 그렇지 않으면 상황은 더 나빠질 것이다. 회개하라. 그렇지 않으면 멸망할 것이다.” 그래서 대중적인 언어에서 '회개'라는 단어는 부정적인 느낌을 잔뜩 껴안게 되었지만, 그것은 성경에서 유래한 것이 아닙니다. 복음서에서는 회개를 그렇게 말하지 않습니다. 요한은 회개에 대하여 말할 때 죄의 '용서'를 말했기 때문입니다. 용서는 행복한 것입니다. 요한의 회개 메시지는 죄에 대해 용서받을 준비를 하는 것, 하나님이 우리 안에서 그분의 일을 행하실 수 있도록 준비하는 것이었습니다. 그래서 요한의 어조와 맥락 안에 있는 '회개'는 여러분을 기쁨으로 향할 수 있게 합니다. 기대감을 주고, 즐거움과 행복감을 느끼게 해줍니다. 그래서 저는 요한이 회개를 이야기했을 때 그의 목소리는 승리의 예감으로 다소 고양되어 있었을 것이라고 생각합니다. 그는 무언가 좋은 일이 도래하고 있음을 보았던 것입니다. 요한은 사람들이 좋은 단어를 들을 수 있도록 어려운 단어를 말했습니다.

크리스마스가 다가올 때를 떠올리게 됩니다. 쇼핑센터나 가게에서 상당한 분노가 표출되는 것을 봅니다. 쇼핑을 할 때 사람들이 얼마나 자녀에게 화를 내는지 보셨습니까? 아이를 휙 잡아당기고 고함을 지르고, 항상 화가 나 있습니다. 즐거운 일을 위한 쇼핑을 하면서 일어나는 광경이 이렇다는 것을 생각해 보면 매우 이상합니다. 그들은 만찬, 행복한 시간, 명절을 준비하고 있습니다. 그런데 그러한 준비의 과정은 많은 짜증을 유발합니다. 여러분이 그렇다는 것은 아닙니다. 여러분은 쇼핑센터에서도 전혀 동요하지 않을 사람들이란 것을 제가 잘 알고 있습니다. 그곳에 가서 화를 내는 사람들을 한번 살펴보십시오. 그리고 왜 그러는지 생각해 보십시오. 사람들이 화를 내는 이유는, 무언가를 준비하고 있지만 방향이 잘못되었기 때문은 아닐까요? 즐겁게 참여하는 데 필요한 준비는 하지 않은 채 즐거운 이벤트만을 준비하고 있는 것입니다.

대부분의 우리 인생은 무엇인가 잘못되어 있습니다. 더 나아가서 저는 모든 사람의 삶이 그렇다고까지 말하고 싶습니다. 하나님과의 올바르지 않은 영역들, 그리고 마땅히 해야 하는 방식에 순종하지 않는 영역들이 있습니다. 주변 사람들과의 관계에 있어서도 당연히 열정적이고 순수해야 하지만, 그렇지 못할 때도 있습니다. 우리는 죄인이고 그렇기 때문에 날마다 그 죄의 유산을 지닌 채 살아갑니다. 그 죄는 해결하지 않으면 계속 쌓이고 늘어납니다. 더욱 풍성한 삶을 찾고자 할 때, 지금 하고 있는 일에 무엇을 더하려고만 한다면 그것은 효과를 내지 못할 것입니다. 그것은 마치 형편없는 기초 위에 아름다운 집을 짓고자 하는 시도와 같기 때문입니다.

복된 삶, 기쁨의 삶을 준비하는 유일한 길은 이전에 잘못된 일에 대해 근본적인 조처를 취하는 것입니다. 회개해야 한다는 말입니다. 이 말은 용서를 구하고 여러분과 하나님 사이, 그리고 여러분과 다른 사람들 사이의 본질적인 기초로 돌아가는 것을 뜻합니다. 회복해야 할 것은 회복하십시오. 서로에게 용서를 구하여 계속해서 그 선물을 나눌 수 있게 하십시오. 우리가 그렇게 하지 못하기 때문에 혹은 그렇게 하지 않으려 하기 때문에 많은 '불편함'이 생겨난다고 저는 확신합니다. 먼저 우리 삶의 중심인 마음으로 돌아가서 근본적인 과제를 해결하기보다 무작정 기뻐하고 기쁨을 나누려 들기 때문에 그러한 '불편함'의 증상이 나타나는 것입니다. 하지만 그 증상은 우리에게 잘못 행동하고 있음을 알려 주는 증거가 됩니다. 우리가 해야 하는 기본적인 과제는 용서하고 용서를 받으며, 하나님의 사랑을 찾고 그 사랑을 나누는 법을 배우는 것입니다. 힘들게 준비하면 쉽게 즐길 수 있습니다. 대충 준비하면 즐거움은 피상적이고 얕을 것입니다.

아멘.

제10일

시작

세례자 요한이 광야에 나타나서, 삶을 고쳐 죄 용서를 받는 세례를 선포했다. 유대와 예루살렘으로부터 사람들이 떼를 지어 그에게 와서 죄를 고백하고, 요단 강에서 그에게 세례를 받고 삶을 고치기로 결단했다. 요한은 낙타털로 된 옷을 입고 허리에 가죽띠를 둘렀다. 그리고 메뚜기와 야생꿀을 먹었다.

요한은 이렇게 전했다. "진짜는 이제부터다. 이 드라마의 주인공은 너희의 삶을 바꾸어 놓으실 것이다. 그분께 비하면 나는 잔심부름꾼에 지나지 않는다. 나는 너희의 옛 삶을 바꾸어 천국의 삶을 준비시키려고 이 강에서 세례를 주고 있다. 그러나 그분의 세례, 성령의 거룩한 세례는 너희를 완전히 바꾸어 놓을 것이다."

그때, 예수께서 갈릴리 나사렛에서 오셔서 요단 강에서 요한에게 세례를 받으셨다. 물에서 올라오시는 순간, 예수께서는 하늘이 열리고 하나님의 영이 비둘기같이 그분 위에 내려오는 것을 보셨다. 성령과 더불어 한 음성이 들려왔다. "너는 내가 사랑으로 선택하고 구별한 내 아들, 내 삶의 전부다." 마가복음 1:4-11

༺༻

인생은 복잡합니다. 상당히 복잡합니다. 인간으로 산다는 것이 무엇인지 깨닫는 순간, 우리는 종종 미로에 빠진 듯한 느낌을 받습니다. 우리는 통로를 걷다 막다른 골목을 만납니다. 그래서 이쪽 길, 저쪽 길을 헤맵니다. 길을 물어보아도 신통치 않은 대답만 듣습니다.

동물적인 기술들—걷기, 숟가락과 포크 사용하기, 기저귀 떼기, 언어 습득하기—을 숙련할 무렵부터 우리는 그것만으로는 부족하다는 것을 깨닫습니다. 고등 동물이 되는 것만으로는 충분하지 않습니다. 인간이 되어야 하는데, 그것에 관해서는 아는 것이 단 하나도 없습니다.

그래서 청소년기가 그토록 혼란스러운 것입니다. 알 수 없는 세상 속에서 길을 찾으려 하기 때문입니다. 주소를 알면 해가 졌을 때 집으로 찾아올 수 있습니다. 단어를 알면 낯선 사람과도 대화를 할 수 있습니다. 숫자를 셀 줄 알면 빅맥과 감자튀김의 값을 지불하고 거스름돈을 제대로 챙길 수 있습니다. 그러나 인간이 된다는 것, 곧 내가 된다는 것은 도대체 어떻게 하는 것입니까?

이러한 혼란은 청소년기에만 국한되지 않습니다. 평생 동안 우리는 반복적으로 혼란에 빠집니다. 일이 엉망이 되어 버려 처음부터 다시 시작해야 될 때가 있습니다. 그때 우리는 어디에서부터 시작해야 합니까?

예수님의 세례로부터 시작해야 합니다. 강으로 가서 보고 들어야 합니다. 요단 강가에 서서 세례 요한이 자신의 사촌 나사렛 예수의 손을 잡고 1미터 정도 깊이의 강으로 데려가 그 물에 잠겼다가 들어올리는 세례, 곧 흠뻑 젖어 깨끗해진 채 살아서 나오는 세례를 지켜보아야 합니다. 그리고 그곳에서 하는 말을 들어야 합니다. 그런 다음 이렇게 말해야 합니다. "괜찮은 시작 같군. 나도 저기서 시작해야겠어."

물론 이것이 생명의 기원은 아닙니다. 시작은 이미 있었습니다. 시작에 대한 인식이 생기기 이전에 우리는 이미 시작되었습니다. 우리는 잉태되었고, 태어났고, 우리 안에 형성되어 있는 놀라운 많은 것을(그리고 더러는 썩 멋지지 않은 일들까지도) 경험했습니다.

우리에게는 자신을 인식하는 순간이 찾아옵니다. 의식이 생기면서 세상에 대해 깨어나 우리 자신이 행위자이고 창조자이며, 우리의 삶에 관해 할 말이 있고 의미 있는 일을 해야만 한다는 사실을 깨닫는 순간이 있습니다. 인생이란 단순하게 주어지는 것이 아닙니다. 우리에게는 여러 기관agency이 있고, 우리는 살아 있으며 물질적인 존재입니다. 교회의 언어로 표현해 본다면, 그 시간은 우리에게 몸과 정신만 있는 것이 아니라 영혼도 있다는 것이 발견되는 시간입니다. 그리고 그 영혼은 활기로 가득하고 호기심과 모험

심으로 들끓습니다. 진정으로 살아갈 준비가 된 것입니다.

애니 딜러드Annie Dillard는 이처럼 삶의 깨어나는 순간에 대해서 『어느 미국의 유년기』An American Childhood라는 제목의 멋진 책을 썼습니다. 딜러드는 벌레, 바위, 부모, 친구들의 세계 가운데서 자신을 발견하는 놀라움에 대해 썼고, 자신의 길로 들어섰다가 이 멋진 세상에서 마구 넘어지면서 시작점을 잃고 혼란에 빠진 자신에 관해 썼습니다.

이에 대한 기독교의 대답은 '세례'입니다. 세례는 좋은 출발점입니다. 왜냐하면 예수님도 그곳에서 좋은 출발을 하셨기 때문입니다.

제11일

이렇게 시작하십시오

선조를 신뢰하십시오(예수님은 요한으로부터 세례를 받았습니다).
예수님은 스스로에게 세례를 베풀지 않았습니다. 요한은 선지자들—하나님의 백성 가운데 그분의 살아 있는 말씀을 지킨 남자와 여자들—의 연장선상에 있었습니다. 예수님은 자발적으로 과거의 흐름 속으로 들어가서 그 진리를 받아들이고 자기 선조의 동료가 되셨습니다. 예수님은 그토록 독창적이고 독특했지만 새로운 종교를 시작하지는 않으셨습니다. 예수님의 삶은 새로운 무언가를 시작하는 삶이 아니라 과거의 것을 채우는 삶이었습니다.

　　모든 진정한 시작과 좋은 출발은 이와 같습니다. 우리 중 아무도, 심지어 예수님조차도, 홀로 무엇을 시작할 만큼 충분히 알지는 못합니다.

우리는 주어진 것—우리가 물려받은 언어, 음식, 음악, 옷—에서 시작합니다. 원한다면 이렇게 받은 선물을 나중에 변경시키거나 바꿀 수 있지만, 일단 그것들을 신뢰하며 시작합니다. 우리는 선조로부터 믿음의 이야기와 예배의 장소와 시간을 믿음 안에서 받습니다. 이 말은 불안과 근심에 쌓인 채 무언가를 시작할 필요가 없다는 뜻입니다. 우리는 느긋하게 시작할 수 있습니다.

그리스도 안에서의 삶은 고유합니다. 다른 사람의 틀에 끼워 맞추는 것도 아니고, 누군가의 기대를 충족시키는 것도 아니며, 어떤 모범에 맞추려 하는 것도 아닙니다. 이 일을 시작하면 이 세상의 다른 어떤 누구와도 같지 않은 자기 자신의 모습에 더 가까워집니다. 그러나 시작은 이 믿음의 선조들을 신뢰하는 데서 해야 합니다.

하나님의 말씀을 들으십시오(하늘에서 음성이 들렸습니다).
하나님은 말씀하십니다. 예수님은 세례를 받으면서 하나님의 음성을 들었습니다. 하나님의 일반적이고 보편적인 말씀이 세례를 통해 개인에게 건네는 말이 되었습니다. 기독교 신앙의 중심에 있는 "하나님께서 세상을 이처럼 사랑하셔서"요 3:16 라는 신비하고 심오한 말씀이, "하나님이 마이클, 수전, 제임스, 데보라를 이처럼 사랑하셔서"가 되는 것입니다.

하나님께서 말씀하시는 것을 들을 때 우리는 좋은 출발을 할 수 있습니다. 그렇게 하기 위해서는 주의를 기울이고 집중해야 합니다. 하나님은 다른 연사들과 경쟁하며 말하려 하지 않기 때문에 군이 목소리를 높이거나, 광고 기획사나 홍보 회사를 고용하여 전략을 세우지 않으십니다. 하나님은 우리가 듣기에 익숙한 목소리를 모방하는 것이 아닌 그분의 목소리로 말씀하시기 때문에 많은 사람들이 그 음성을 듣지 못합니다. 그럼에도 불구하고 하나님은 말씀하십니다.

성례를 통해서 하나님의 말씀을 들으십시오. 성경과 설교를 통해서 하나님의 말씀을 들으십시오. 고요함과 침묵을 통해서 하나님의 말씀을 들으십시오. 친구, 가족, 시인, 가수, 이야기꾼들의 목소리를 통해서, 그 목소리 이면에서, 그 목소리 주변에서 하나님의 말씀을 들으십시오.

그곳에는 아무런 속임수도, 마술도, 영적인 술수도 없습니다. 오직 쉽게 낙담하지 않는 주의력과 결단력으로 이렇게 고백할 뿐입니다. "하나님이 내게 하시는 말씀은 다른 누가 하는 말보다 더 중요하다. 나는 귀를 기울이고 또 기울여서 제대로 들을 것이다. 나는 나 자신을 듣는 장소에 둘 것이다. 예배를 드릴 때, 성경 앞에서, 그리고 말씀을 듣고자 하는 친구들과 함께."

하나님의 분명한 말씀을 받아들이십시오("내가 너를 매우 기뻐한다").
하나님께서 여러분에게 하신 분명한 말씀을 받아들이는 것은 좋은 출발입니다. 예수께서 처음 들으신 말씀은 "너는 내 사랑하는 아들이다. 내가 너를 기뻐한다"였습니다. 예수님에게 기본적이었던 것은 우리에게도 기본적이며, 따라서 바른말로 시작해야만 좋은 출발을 할 수 있습니다. 그 말은 하나님에게서 온 것이고 다음과 같습니다. "내가 너를 매우 기뻐한다"("well pleased", 영어 성경에는 'well'이 들어가 있음—옮긴이).

이 말씀은 누구에게나 자명한 것은 아닙니다. 많은 사람들이 그것과는 상당히 다른 말을 했고, 어떤 이들은 아예 정반대되는 말도 했습니다. "내가 너를 전혀 기뻐하지 않는다", "너에게 희망이 있기는 하지만, 상당히 많이 개선해야 비로소 너를 기뻐할 수 있을 것이다", "이것은 그만두고 저것을 해야 너를 매우 기뻐할 수 있을 것이다."

주변 사람들은 우리에 대해 긍정해 주기보다 탓하며 질책합니다. 그 이유는, 당연히 그들이 보기에 우리가 많은 것을 바로잡아야 비로소 만족스러운 존재가 될 것이기 때문입니다. 그러나 하나님은 우리를 있는 그대로 긍정하십니다. 아무런 조건 없이 우리를 받아들이십니다. 이것은 상당한 신비입니다. 그래서 우리는 무엇을 해야 할지 잘 모를 때가 있습니다. 그러나 그 신비가 바로 예수 그리스도의 복음입니다. 하나님의 분명한 말씀은 우리의 죄를 용납하지 않고, 우리의 그저 그런 모습을 묵인하지 않습니다. 하나님은 우리를 회개와 거룩함과 제자도로 부르십니다. 그러나 하나님은 간단하고 무조건적인 말씀으로 시작하십니다. "너를 사랑한다. 너는 내 딸이다. 너는 내 아들이다. 내가 너를 매우 기뻐한다."

이 말씀을 받아들일 때 우리의 시작은 좋습니다. 흔들리거나, 망설이거나, 찜찜해하거나, 언제든 거절당하거나 잘릴 것이라 생각하지 않고 시작할 수 있습니다. 우리를 사랑하시고 우리를 위해 영원한 구원을 준비하신 하나님의 용납하심과 그 하나님을 받아들여야 우리는 제대로 시작할 수 있습니다.

예수님의 세례로부터 시작하는 것입니다. 강으로 가서 보고 들어야 합니다. 그리고 그 광경을 지켜보면서 우리는 이렇게 말할 것입니다. "괜찮은 시작 같군. 나도 저기에서 시작해야겠어. 믿음의 선조들을 신뢰하고, 하나님의 음성을 듣고, 내 인생을 확인해 주는 하나님의 말씀을 받아들이면서 말이야."

아멘.

제12일

유혹받다

동일한 성령께서 즉시 예수를 광야로 몰아내셨다. 예수께서는 광야에서 사십 일을 밤낮으로 사탄에게 시험을 받으셨다. 들짐승들이 그분과 함께 있었고, 천사들이 그분을 도왔다. 마가복음 1:12–13

෨

세 가지 사건이 빠르게 연달아 일어납니다. 예수님은 세례를 받으시고, 유혹을 받으시고, 공생애를 시작하셨습니다. 세례란 성령께서 예수님 위에 내려오고 하나님의 능력으로 기름을 부음으로 그분이 하나님의 사랑하는 아들임을 나타내신 사건입니다. 그 후에 예수님은 사람의 모든 필요에 대해 능력과 연민으로 사역하시고, 문제의 핵심으로 직접 다가가서 필요한 일을 해내십니다. 유혹은 이 두 단계를 연결시켜 줍니다.

예수님은 세례를 받고 곧바로 사역을 하지 않으셨습니다. 마가는 우리가 그 점을 제대로 이해할 수 있도록 돕습니다. 이 영광스럽고 공개적인 두 사건 사이에 유혹의 사건을 집어넣음으로써 오히려 그것이 더욱 중요한 것처럼 만들었습니다. 우리는 왜 유혹이 그 자리에 있는지, 그 의미가 도대체 무엇인지에 대해 알아야 합니다.

이 유혹의 사건 이면에는 성령이 계시고, 그 말은 하나님이 그 이면에 계신다는 뜻입니다. 그것은 운 나쁘게 끼어든 사건이 아니며, 매끄럽게 계획된 전략 안으로 치고 들어온 방해거리도 아닙니다. 세례를 받을 때 예수님 위로 내려오셨고, 그 후 설교하고 병을 고치는 능력을 주신 성령께서 여기에서는 예수님을 광야로 내모십니다. '내몰다'pushed는 강한 의미의 단어입니다. 이 단어를 읽을 때 우리는 이 유혹이 필요한 일이었다는 것을 짐작할 수 있습니다. 이는 살짝 찌르거나 양심을 권고하는 '작고 세미한 음성' 정도가 아닙니다. 가차 없이 몰아내는 행위입니다.

유혹은 선택 사항이 아닙니다. 예수님이 택하거나 택하지 않을 수 있는 그런 것이 아닙니다. 세례와 사역 사이에 어떤 연결점이 있다면 그것은 유혹이어야 했습니다. 우리와 관련해서 말하자면, 우리의 존재와 우리가 하는 일이 서로 연결되려면 유혹과 같은 무엇으로 그 둘을 연결시켜 주어야 합니다. 그렇기 때문에 우리는 예수께서 받은 시험의 의미를 이해해야 합니다. 그렇지 않으면 우리가 느끼는 자신의 모습과 우리가 대부분의 시간을 보내는 일 사이에 괴리가 있게 됩니다.

우리는 광야를 나쁜 장소, 공허한 장소, 혹은 황량한 장소로 생각해서는 안 됩니다. 식물도 없고 인공물도 없으니 광야가 공허한 것은 사실입니다. 그러나 그곳은 하나님으로 가득했습니다. 하나님의 위대한 구원의 행위와 보존의 행위로 가득한 곳이었습니다. 광야에서 예수님은 들짐승과 함께 계셨고, 천사들은 그분의 수발을 들었습니다. 에덴을 연상시키는 묘사입니다. 들짐승은 인간에게 길들여지지 않은 채 순수하게 남아 있는 존재입니다. 그곳은 하나님의 창조를 연상시키는 곳입니다. 생명으로 가득한 창조 말입니다. 또한 그곳은 하나님이 인간과 직접 관계를 맺는 특수한 환경입니다. 천사는 하나님의 종이지만 인간의 필요를 섬기고 있습니다. 방해받지 않고 손상되지 않은, 원래의 영적 존재들의 공동체로 돌아간 듯한 느낌입니다. 들짐승들이 날것의 아름다움과 에너지를 뿜으며 창조계의 자연 질서를 대변한다면, 천사들은 하나님과의 교제를 이루는 무한하고 다양한 공동체를 접하게 해줍니다.

그런데 그 들짐승과 천사들과 함께하는 광야에서 무슨 일이 벌어집니까? 그 일은 이렇게 묘사되어 있습니다. "사탄에게 시험을 받으셨다."^{막 1:13} 광야가 영광스럽게 들리는 것과는 달리 '사탄'이라는 단어는 불길한 기운을 더하기에 충분합니다. 에덴동산을 타락시켰던 것처럼 광야 또한 쉽게 타락시킬 수 있는 침입자가 생긴 것입니다. '시험하다'라는 말은 이중의 의미를 가진 단어로 '시험하다'test 또는 '유혹하다'seduce의 의미를 갖습니다. 둘 중 하나를 뜻할 수도 있고 모두를 뜻할 수도 있습니다.

'시험하다'는 일상적인 경험을 일컫습니다. 우리는 비행기가 승객들에게 안전한지 알아보기 위해서 시험합니다. 큰 물고기를 제대로 붙들 수 있을지 보기 위해서 낚싯줄을 시험합니다. 치료가 될지 해가 될지 알기 위해서 약을 시험하기도 합니다. 어떤 중요한 일을 앞두고 있을 때 우리는 먼저 시험을 해봅니다. 다윗이 골리앗과 싸우러 가기 전에 그는 사울 왕의 장엄한 갑옷을 걸치게 되었습니다. 목동의 겉옷 외에는 다른 것을 입어 본 적이 없는 다윗이 그 갑옷을 벗으며 말했습니다. "이런 무장에는 제가 익숙하지 못합니다. 이렇게 무장을 한 채로는 걸어갈 수도 없습니다."삼상 17:39 다윗은 갑옷을 사용해 본 경험이 없기 때문에 그토록 중요한 전투에서 불확실한 선택을 할 수 없었습니다. 시험은 우리의 삶에서 생략시켜서는 안 되는 것입니다. 시험이 없다면, 확실성도 없고 확신도 없을 것입니다.

그러나 이 단어는 '유혹하다' 혹은 '악의적 의도로 시험하다', '망치기 위해서 압력을 넣다'라는 뜻도 가지고 있습니다. 영어로 'tempt'라는 단어에 우리는 주로 이러한 의미를 부여합니다. 이것은 실패를 바라는 마음에서 하는 유혹입니다. 시험하는 것에 대해서 크게 반대하는 사람은 없습니다. 그 과정이 힘들기는 해도 그 결과는 유익하기 때문입니다. 그러나 유혹은 반갑지 않습니다. 부정적인 압력을 받게 되기 때문입니다. 시험하는 사람은 우리에게 도움을 주기를 원합니다. 그러나 유혹하는 사람은 우리를 더 넘어지도록 이끕니다.

예수님은 두 가지 모두를 경험하셨습니다. 그분은 하나님에 의해 광야로 내몰려 '시험'을 받으셨습니다. 그리고 그곳에서 자신을 '유혹'하는 사탄을 만났습니다. 광야와 사탄의 조합이 그 경험을 더욱 강화시켰습니다. 그것은 역경이었습니다. 히브리 사람들에게 편지를 쓴 저자는 이 사건에 대해서 이렇게 서술합니다. "우리의 대제사장은 우리의 연약함을 동정하지 못하시는 분이 아닙니다. 그는 모든 점에서 우리와 마찬가지로 시험을 받으셨지만, 죄는 없으십니다. 그러므로 우리는 담대하게 은혜의 보좌로 나아갑시다."히 4:15-16

시험과 유혹의 사건은 하나님의 편이냐, 그 반대편이냐의 결정에 초점을 맞춥니다. 이 시험은 예수님이 전적으로 자기 자신을 하나님께 헌신하는 준비를 하도록 하는 것이었고, 실제로 그분의 세례는 사적으로 선포된 것이 공적으로도 드러난 것이었습니다. 예수님은 광야에서 40일간 계셨습니다. 고대의 의사들에 따르면, 그 기간은 태아가 처음으로 알아볼 수 있는 형체를 가지고 움직일 때까지 자라는 데 걸리는 기간이었습니다. 고대 그리스 사회에서는 남자가 적어도 40세는 되어야 입법자와 같은 중요한 직업을 가질 수 있는 경우가 많았습니다. 랍비의 제자는 40세가 되어야 독립적으로 결정을 내릴 수 있었습니다. 모세는 시내산에서 40일간 머물면서 율법을 받았고, 이스라엘 백성은 광야에서 40년을 머물면서 하나님의 백성으로 성숙해 갔습니다.

그렇다면 40일은 성장이 집중적으로 일어나 성숙하게 되는 시간입니다. 예수님은 메시아의 태아 상태라고 할 수 있는 세례로 부터 유혹의 40일을 통과하여 하나님의 메시아로서 하나님 나라의 통치를 선언할 준비가 된 완전한 사람 곧 '하나님의 아들'이 되어 나오셨습니다. 예수님이 경험하신 시험 곧 우리의 삶에 필요한 시험은 일종의 영혼의 청소년기입니다. 우리에게 어떠한 일이 맞는지 시험해 보는 시간입니다. 하나님이 우리 자신에 관하여 말씀하시는 의미를 개인적으로 발견하는 집중적인 경험의 시간입니다. 복음은 한낱 정보나 단순한 생각에 불과하지 않습니다. 복음은 믿음을 통해 경험된 것이며, 다른 사람들을 위해 사용됨으로써 하나님을 섬기게 하려는 것이기 때문입니다.

　　아멘.

누가복음

A Month of Sundays

제13일

지리

예수께서 자기가 자란 동네인 나사렛에 가셨다. 안식일에 그분은 늘
하시던 대로 회당으로 가셨다. 예수께서 성경을 낭독하려고 서시자,
누군가가 그분께 예언자 이사야의 두루마리를 건넸다. 누가복음 4:16-17

☙

그리스도인의 삶은 물리적입니다. 그러나 또한 영적입니다. 해야
할 기도와 불러야 할 찬송이 있고, 이해해야 할 개념과 명확히 세
워야 할 목적이 있으며, 수용해야 할 가치가 있습니다. 그리스도인
이 된다는 것은 분명하고 확실하게 영적인 일입니다. 그러나 또한

물리적인 일이기도 합니다. 근육과 뼈, 살과 피, 땅과 바다, 산과 계곡, 마을과 도시가 관여되는 일입니다.

좋은 기독교의 가르침과 설교는 이 두 가지 모두를 중요하게 여겨야 한다고 강조합니다. 하나님은 하늘과 땅을 창조하셨습니다. 하늘은 영적인 영역이고 땅은 물리적인 영역입니다. 하지만 주위를 둘러보면 둘 중 하나만 취하고 다른 하나는 내버리는 사람들을 쉽게 볼 수 있습니다. 땅의 것을 무시하는 영적인 전문가가 있습니다. 이들은 너무도 영적이어서 이 땅의 일에는 쓸모가 없습니다. 이들은 꿈과 비전과 거룩한 한숨과 아름다운 생각들로 가득 차 있지만, 어찌 된 일인지 친구를 대하는 방식, 사업을 하는 방식, 세상을 돌보는 방식에는 아무런 관심이 없습니다. 또 한편으로는 영적인 것을 무시하는 물질적인 전문가가 있습니다. 이들은 돈을 모으고, 감각을 추구하고, 게임을 하고, 소유물을 축적하지만, 그렇게 물질적인 것에 열심을 내고도 더 나아지지도, 행복해지지도, 더 쓰임새가 생기지도 않습니다. 이들은 언제나 이기적이고 불만에 차 있으며 불안해합니다.

그래서 저는 예수님과 지리에 관한 이야기를 하려고 합니다. 예수님은 영적인 것과 물질적인 것을 연결시킵니다. 하나님이 붙여 놓으신 것을 인간은 흩어 놓지만, 예수님은 갈라진 것을 회복하시고 보이는 것과 보이지 않는 것 사이의 분리를 치유하셨습니다. 예수님의 사역은 우리의 삶을 하나님의 생명과 연결하고, 땅의 것을 하늘에 속한 진리에 통합하여 줍니다. 예수님은 우리로 하여금 물질적인 것에 신경을 끄고 천사처럼 살게 하도록 이곳에 오신 것이 결코 아니며, 반대로 영적인 것에 신경을 끄고 반듯하고 빈틈없는 시민으로 살게 하도록 오신 것도 아닙니다. 그분의 삶은 우리의 죄로 갈라진 것들을 다시 연결해 놓습니다. 예수님은 공들여서 하나님과 지리, 이 두 가지를 통합하십니다.

제가 이스라엘에서 보낸 시간은 이 주제에 관해 생각해 볼 수 있는 좋은 자극제였습니다. 이스라엘은 무엇보다도 영적인 삶과 연결된 장소입니다. 동시에 그곳은 매우 물리적인 장소입니다. 보이지 않는 하나님을 보이는 이 땅에서 믿으며 사는 사람이 된다는 것의 의미를 이해하기 위해서 또 다른 물리적인 장소를 사용해 보려고 합니다.

첫 번째 장소는 나사렛입니다. 나사렛은 세 가지 면에서 중요합니다. 그곳은 유명한 곳은 아니었지만 유리한 곳이었고, 한편으로는 위험한 곳이었습니다.

먼저, 나사렛은 유명한 곳이 아니었습니다. 나사렛은 구약성경에서 한 번도 언급되지 않았습니다. 탈무드나 미쉬나에도 나오지 않고, 1세기 요세푸스의 역사서에도 나오지 않으며, 다른 어떤 그리스나 로마의 문서에도 나오지 않습니다. 이 도시는 정말 알려지지 않은 곳이었습니다. 제게는 네브라스카 주의 외딴 산에서 나고 자란 친구가 있습니다. 그곳은 맑은 날이면 땅끝에 서 있는 것처럼 시야가 트인 변방 지역입니다. 나사렛이 바로 그런 곳입니다. 성경에서 나사렛을 처음 언급한 사람은 누가입니다. "하나님께서 천사 가브리엘을 갈릴리 지방의 나사렛 동네로 보내시어……요셉이라는 남자와 약혼한 처녀에게 가게 하셨다. 그 처녀

의 이름은 마리아였다."^{눅 1:26-27}

그날 마리아가 기도하고 있었던 곳으로 추정되는 장소에는 오늘날 거대한 교회가 세워져 있습니다. 천사가 마리아를 방문했던 그 '수태고지 교회'The Church of the Annunciation에 수백만의 사람이 방문하고 있습니다. 사소했던 그 마을은 이제 순례의 목적지가 되었고, 하나님이 그분의 백성을 찾아오셨다는 것을 기억하기 위해 예배하고 기도드리는 장소가 되었습니다. 나사렛이라는 이름은 이제 유명해졌습니다. 중동에서 그리스도인들은 히브리어와 아랍어로 '나차림'Natsarim, 곧 나사렛 사람이라 불립니다. 그러나 예수님 당시에는 그렇지 않았습니다. 나사렛은 그 누구의 여행 계획에도 들어가지 않는 장소였습니다. 어찌나 보잘것없었던지 농담거리가 될 정도였습니다. 나다나엘이 나사렛 출신 예수에 관한 소식을 처음 들었을 때 "나사렛에서 무슨 선한 것이 나올 수 있겠소?"라고 자기 딴에는 재치 있는 응수를 했습니다.^{요 1:46} 어쩌면 하나님은 그분께 무명의 장소란 없다는 것을 보여주기를 원하셨는지도 모릅니다. 어떠한 땅도, 어떠한 마을도, 어떠한 나라도, 어떠한 도시도, 닿을 수 없거나 무시당하거나, 잊혀질 수 있는 곳은 없다고 말입니다. 나사렛에서 일어날 수 있는 일이라면, 그 어디에서도 일어날 수 있습니다. 그리고 실제로 그렇게 되고 있습니다.

나사렛은 유리한 곳이었습니다. C. S. 루이스는 극장의 각 좌석은 적어도 무엇 하나에 대해서만큼은 최고의 전망을 보여준다고 했습니다.⁷ 마찬가지로 나사렛은 비록 유명하지는 않았지만, 무엇 하나에 대해서만큼은 최고의 전망을 보여주었습니다. 그리고 예수님은 나사렛이 줄 수 있는 것을 최대한 잘 이용하신 것 같습니다.

　　예수님은 유년기, 청소년기, 그리고 이른 성년기를 나사렛에서 보내셨습니다. 열두 살 때 부모님과 함께 예루살렘을 다녀왔던 그 유명한 여행 이후 예수님은 나사렛으로 돌아가 그들에게 순종하면서 지냈고, 지혜와 키가 자라고, 하나님과 사람에게 더욱 사랑을 받으며 성장했습니다.눅 2:51-52 예수님은 자기 생애의 첫 삼십 년을 나사렛에서 사셨습니다. 그분의 모든 성장과 교육은 그 작은 마을에서 일어났습니다. 그곳에서 걷고 말하는 법을 배웠고, 유년기의 놀이를 하셨습니다. 그곳에서 친구들을 사귀었고, 목수 일을 배우셨습니다.

제14일

나사렛

나사렛에서 자라는 것은 어땠을까요? 나사렛은 갈릴리 언덕 밑에
자리하고 있었습니다. 가운데는 우물이 있었는데, 그곳은 그 도시
에서 제일 낮은 지역이었습니다. 사방에는 가파른 언덕이 있었습
니다. 나사렛에는 평지가 없습니다. 그곳을 방문했을 때 우리는 언
덕을 올라가 아이들이 노는 들판을 발견했습니다. 언덕 정상은 그
마을 어디에서나 쉽게 오를 수 있었고, 그 위에서 바라보는 광경은
정말로 대단했습니다. 바락과 기드온이 승리를 얻었고, 사울과 요
시아가 패배했으며, 마카비 시대에는 자유를 위해 싸웠던 스무 개
의 전투지가 있는 에스드라엘론 계곡은 굵직한 역사가 파노라마를
이루는 곳이었습니다. 나봇의 포도원, 예후가 이세벨에게 복수한

장소, 수넴과 엘리사의 집, 갈멜산과 엘리야가 희생 제사를 드리던 곳이 있었습니다. 동쪽으로는 길르앗 산맥과 함께 요단 계곡이 있었고, 서쪽으로는 스페인의 배가 떠다니며 원정 탐험을 약속하던 거대한 지중해가 반짝였습니다. 세 방향으로 50킬로미터까지 내다볼 수 있는 그곳은 구약 역사의 지도와도 같은 곳입니다.

그러나 나사렛에는 그림책 이상의 것이 있었습니다. 그곳에는 움직임이 있었습니다. 나사렛 반대편 계곡 건너편에 있는 사마리아 언덕에서는 예루살렘으로부터 나오는 길이 보였고 그곳은 해마다 순례자들로 붐볐습니다. 그리고 이집트에서 오는 길은 그곳을 오가는 상인들로 북적였습니다. 요단의 여울에서 올라오는 베두인 캐러밴들이 수 킬로미터나 길게 늘어서 있는 것이 보였고, 다메섹에서 오는 캐러밴들은 나사렛이 있는 언덕 아래쪽에 모여들었습니다.

단지 볼거리만 가득했던 것은 아니었습니다. 로마로부터 오는 소식이 나사렛 근처에 있는 팔레스타인으로 들어왔기 때문입니다. 황제의 건강에 대한 소식, 급변하는 정치인들의 영향력, 헤롯의 법정에서 유대인들이 받는 처우, 세금에 대한 카이사르의 최근 명령, 그리고 행정관의 정책이 그대로 유지될 것인지 등에 관한 소식이었습니다. 일부 갈릴리 사람들은 로마에 친척이 있었을 것입니다. 유대인들은 세계 수도에서의 삶이 어떤지 이 시골로 돌아와서 이야기했을 것입니다. 행상인들이 싣고 오는 헤롯의 스캔들은 그곳을 들썩이게 했을 것이고, 순회 랍비들은 그것을 훈계거리로 삼았을 것입니다. 이웃 이방인들의 관습—방탕한 생활, 감각적 예배, 사업에 파묻힌 삶, 그리고 갈릴리 주변의 길에서(더러는 오늘날에도 여전히) 볼 수 있는 무덤의 많은 절망적 비문들—은 나사렛에서 끝없는 이야깃거리가 되었을 것입니다.

이곳에서 예수님은 자랐고 유혹을 받으셨습니다. 그분의 순결과 인내의 완성은 세상을 막고 있는 거대한 담 뒤에서 쉽게 얻은 것이 아닌 소문과 스캔들 틈바구니에서 얻은 것입니다. 이 나사렛의 청년은 바깥세상의 힘과 문제를 예민하게 느낀 보기 드문 사람이었습니다. 그리고 그곳에 대해 엘리야와 엘리사가 가졌던 예언적 사명의 광경 또한 보았을 것입니다. 이 마을에서는 세상 나라들의 모습을 볼 수 있었습니다. 여러 면에서 나사렛은 예수님에게 하버드였고 예일이었습니다.

나사렛은 위험했습니다. 예수님은 공생애를 시작하고 머지않아 갈릴리의 소도시들을 다니며 회당에서 가르치셨습니다. 누가는 "예수께서는, 자기가 자라나신 나사렛에 오셔서, 늘 하시던 대로 안식일에 회당에 들어가셨다"^{눅 4:16}고 기록했습니다.

저는 아내와 바로 그 회당일 수도 있는 곳을 방문했습니다. 북적이는 시장 거리 바로 너머에 있는 좁고 구불구불한 길 속에서 그곳을 찾는 것은 쉽지 않았습니다. 그 회당은 자그마했는데, 많아야 30-40명가량 앉을 수 있는 공간이었습니다. 군더더기 없이 단순하고 엄숙한 곳이었습니다. 누가는 이렇게 적었습니다. "예언자 이사야의 두루마리를 건네 받아서, 그것을 펴시어, 이런 말씀이 있는 데를 찾으셨다. '주님의 영이 내게 내리셨다. 주님께서 내게 기름을 부으셔서, 가난한 사람에게 기쁜 소식을 전하게 하셨다. 주님께서 나를 보내셔서, 포로 된 사람들에게 해방을 선포하고, 눈먼 사람들에게 눈 뜸을 선포하고, 억눌린 사람들을 풀어 주고, 주님의 은혜의 해를 선포하게 하셨다.'"눅 4:17-19

이렇게 성경을 읽으신 후 예수님은 한 줄짜리 설교를 하셨습니다. "이 성경 말씀이 너희가 듣는 가운데서 오늘 이루어졌다."눅 4:21 이에 대한 반응은 즉각적이고 긍정적이었습니다. 회당에 있던 사람들은 예수님의 정중하고 분명한 발언을 칭찬했습니다. 눈앞에 있는 사람은 그들이 나사렛에서 늘 알고 지내던 요셉의 아들이었습니다. 그들은 예수님이 성장하고 자라는 것을 보았고, 길에서 놀고, 우물에서 물을 긷고, 비탈을 오르고, 계곡과 길들을 가만히 응시하는 그분의 모습을 보았습니다. 예수님은 그들의 반응을 받아들이지 않으셨습니다. 예수님은 그들이 자신의 태도와 말에 감명받기를 바란 것이 아니라, 그들이 하나님을 향해 자신의 삶을 열기를 원했습니다. 예수님은 그들의 칭찬을 꿰뚫어 보셨습니다. 그들은 하나님을 거절하는 자신들의 태도를 가리기 위해서 칭찬을 한 것입니다. 예수님을 진지하게 받아들이지 않기 위해서 그분께 친절히 대했던 것입니다. 그 순간 예수님은 큰 위험에 처했습니다. 그들의 기대에 맞춰 옛 고향의 방식을 그대로 따르며, 그 도시에서 가장 인기 있는 사람으로 지내면서 존경받는 삶을 사는 것은 매우 쉬웠을 것입니다.

그러나 예수님은 존경받으려고 자신의 고향으로 돌아온 것이 아니었습니다. 그분은 자기 백성을 하나님께로 이끌고 싶어 했습니다. 예수님은 그들의 전략을 꿰뚫어 보시고 그것을 폭로하셨습니다. 엘리야와 엘리사—이 두 사람은 모두 나사렛 아래 펼쳐진 계곡에서 삶의 대부분을 보냈습니다—라는, 그들에게 친숙한 이름들을 사용하여 자신의 설교를 흥미롭게 듣던 그들의 편협하고 안락한 이기심에 도전했습니다. 예수께서 그들의 감상적이고 가식적인 태도를 폭로하자 부드러운 칭찬은 살기의 분노로 바뀌었습니다. 그들은 예수님을 회당 밖으로 끌고 나와 가파른 언덕에서 밀어 죽이려 했습니다. 그러나 예수님은 그들에게서 벗어나 그곳을 떠나셨습니다.^{눅 4:24-30} 나사렛에 대한 언급은 여기에서 끝이 납니다. 예수께서 처음 당한 거절이었습니다. 그리고 그분을 거절한 사람들은 예수님과 함께 자란 사람들이었습니다.

마을, 소도시, 대도시마다 각자가 가진 고유의 사고방식과 태도가 있습니다. 그리고 알게 모르게 그 방식을 따르라는 압력이 존재합니다. 예수님은 나사렛의 압력을 받았습니다. 그러나 굽히지 않으셨습니다. 그분은 나사렛을 사랑했고 나사렛에 대해 감사할 것이 많았지만 나사렛으로 환원되지는 않았습니다. 예수님은 그곳에서 존경을 받으며 살 수 있었지만 자기 백성에게 그 이상의 것을 주고자 했습니다. 예수님은 그리스도로서의 사역을 나사렛이라는 지역 주민들의 아량 많은 존경과 맞바꿀 영적이고도 도덕적인 위험에 처했습니다. 이를 거절하자 예수님은 목숨을 잃을 위험에 노출되었습니다. 질책을 듣고 모욕감을 느낀 그들이 그분을 벼랑 끝으로 밀어버리려 했기 때문입니다.

우리는 누구에게나 출발점이 있습니다. 누구에게나 고향이 있습니다. 예수께서 우리에게 보여주신 복음의 삶은 그 장소가 어디든 그곳의 구체적인 것들을 전부 고려한 것입니다. 우리가 다른 곳에 살았거나, 다른 교회에 나갔거나, 교육의 기회가 더 많았거나, 더 인정을 받았다면 그리스도인으로 살기가 더 쉬웠을 것이라고 우리는 종종 생각합니다. 나사렛에서 예수님은 그와는 상당히 다른 이야기를 들려주십니다. 어느 장소든, 하나님은 찾아오십니다. 어느 장소든, "지혜와 키가 자라고, 하나님과 사람에게 더욱 사랑을 받"을 수 있는 유리한 점들이 많습니다. 그리고 어느 장소든, 믿음의 삶을 살기에 위험하기는 마찬가지입니다.

아멘.

제15일

사마리아

승천하실 때가 가까워 오자, 예수께서 마음을 단단히 먹고 용기를 내어 예루살렘을 향해 길을 떠나셨다. 예수께서 심부름꾼들을 앞서 보내셨다. 그들은 그분을 맞을 곳을 준비하려고 사마리아의 어느 마을로 갔다. 그러나 그분의 행선지가 예루살렘이라는 것을 안 사마리아 사람들은 그분을 맞아들이지 않았다. 제자인 야고보와 요한이 그 이야기를 듣고 말했다. "주님, 우리가 하늘에서 번갯불을 내려오게 해서 저들을 태워 버릴까요?"

예수께서 그들을 꾸짖으셨다. "옳지 않다!" 그들은 다른 마을로 발걸음을 옮겼다. 누가복음 9:51-56

❧

학교 다닐 때 저는 지리 과목을 제일 싫어했습니다. 학생이라면 다 그런지 모르겠습니다만, 제게는 가장 지루한 과목이었습니다. 심지어 교과서까지 마음에 들지 않았습니다. 제가 기억하는 모든 지리 교과서는 큰 사이즈여서 손에 들기가 무척 힘들었습니다. 사진은 평범하고, 지도는 지루하고, 통계표도 재미없었습니다. 정말이지 싫었습니다.

5학년 때 한번은 어머니와 함께 기차를 타고 캐나다에 있는 서스캐처원 주 북부로 여행을 간 적이 있습니다. 3천 킬로미터를 가야 하는 긴 여행이었고, 우리는 사흘이나 기차를 탔습니다. 제게는 첫 번째 장거리 여행이었습니다. 끝없이 길게 이어지던 들판이 기억납니다. 그러다가 나무가 점점 사라지더니 프린스 앨버트에 도착했습니다. 그곳 사람들이 '모진 풍상을 겪은 나무'라 부르는 가늘고 키 작은 나무들 말고는 정말로 아무것도 없는 곳이었습니다. 완전히 새로운 나라였던 그곳에서 맡고 느꼈던 낯선 땅과 기후의 향취, 그때의 자극과 신선함을 지금도 기억합니다. 높게 솟은 봉우리에 익숙했던 저는 이제 끝을 모르는 평지에 와 있었습니다. 풍성한 숲에 익숙했던 저는 듬성듬성 있는 나무들을 보고 있었습니다. 사람들이 북적대는 소도시에 익숙했던 저는 북쪽 초원에 따로 떨어져 있는 작은 농가에서 묵고 있었습니다. 이 모든 새로움과 극명한 대조는 제게 깊은 인상을 남겼습니다. 그러나 그때는 그것이 지리학이라는 것을 몰랐습니다.

학교로 돌아와 지리학 수업 시간이 되었습니다. 전에는 그 수업이 하루 중 가장 지루한 시간이었지만, 이제는 상황이 완전히 바뀌었습니다. 기회가 될 때마다 손을 들어 이야기했습니다. 선생님과 친구들에게 알칼리 땅과 10개월이나 이어지는 캐나다의 긴 겨울과 덤불의 나라에 대해서 말해 주고 싶었습니다. 지리는 갑자기 모양과 색깔이 가득한 과목이 되었습니다. 직접 경험했기 때문입니다. 이제 더 이상 지리는 지도와 도표와 수치의 문제가 아니었습니다. 그것은 냄새이자 느낌이었고, 기억나는 아름다움이자 경험된 어려움이었습니다.

오늘날에도 '지리'라고 하는 단어 자체는 제게 밋밋하고 지루한 단어입니다. 그러나 이제는 처음에 가졌던 편견을 극복했습니다. 팔레스타인의 소도시와 대도시에 있는 길과 산은 예수께서 늘 지금 이곳에 관여하신다는 것을 보여줍니다. 지리는 예수님의 행동과 말에 직접적인 질감을 부여해 줍니다. 그분은 "하늘에서 이루심 같이 땅에서도"마 6:10의 기도를 이루기 위해서 오셨습니다. 이 땅, 그것은 바로 지리입니다.

풍성한 삶을 반복적으로 위협하는 것은 추상화입니다. 특수하고 구체적인 것에서 벗어나 멀리 떨어져 있는 일반적인 것에 머물고자 하는 것입니다. 추상화는 실재에 대한 경험과 우리 사이에 많은 의견이나 시스템이나 사상이나 감상이 개입하게 하는 것입니다. '하나님의 사랑'과 같은 거대한 사상이 서툰 포옹이나 어색한 키스를 대체합니다. 나사렛이나 예루살렘과 같은 이상적인 도시가 벨 에어나 볼티모어와 같은 장소를 대체합니다.

최근에 이스라엘을 다녀오면서 저는 예수님을 생각하고 성경을 읽을 때, 일반화하고 추상화하려는 경향을 개인적으로나 목회적 차원에서 타파할 새로운 자료들을 모았습니다. 그중 몇 가지는 우리가 신앙의 '지금 여기'에 집중하며 직접적으로 살기 위해 함께 노력하는 데 쓰도록 여러분과 공유할 수 있습니다. 그래서 오늘의 주제가 사마리아의 시골에 계신 예수님인 것입니다.

예수님은 많이 걸으셨습니다. 당연한 사실인데도 제가 직접 그 나라에 가서 걸어 보기 전까지는 그것이 얼마나 중요한지 인식하지 못했습니다. 하루는 베들레헴까지 걸어간 적이 있습니다. 약 2킬로미터 정도 남았을 때였습니다. 해가 뜨거워지자 아내 잰은 버스나 택시로 쉽게 갈 수 있는데 걷는 것이 과연 현명한 일인지 의문을 가졌습니다. 저는 잰에게 요셉이 자기 아내와 이 길을 걸을 때는 그런 식의 이러쿵저러쿵한 비판을 아내로부터 들을 필요가 없었다고 말했습니다. 그때 마리아는 임신 9개월 차였습니다. 복음서를 읽을 때 예수께서 얼마나 자주 예루살렘에서 나사렛으로, 가버나움에서 가나로, 나인으로, 사마리아로, 베다니로, 요단강으로, 베뢰아로, 황야로, 바다로, 산으로 걸어가셨는지 눈여겨보시길 바랍니다. 예수님은 많이 걸으셨습니다.

예수께서 이 나라를 걸어 다니신 것에 관해 숙고해 볼 장소로 저는 사마리아를 택했습니다. 사마리아는 예수께서 해마다 갈릴리에서 예루살렘으로 그리고 다시 갈릴리로 갈 때 지나가셨던 곳이기 때문입니다. 예수님은 한 번도 사마리아를 피해 가지 않고 늘 지나가셨습니다. 사마리아는 걸으시는 예수님, 통과해 가시는 예수님에 대한 일종의 기념비적 장소입니다.

우리에게 사마리아는 잠시 쉬었다 가기 좋은 장소였습니다. 갈릴리와 예루살렘 중간에 있었고 비옥한 계곡을 내려다볼 수 있는 언덕에 있었습니다. 그곳에 간 날 우리는 사마리아의 산에서 상쾌하게 피크닉하면서 저 아래 보이는 길을 따라 해마다 그 여행을 하신 예수님을 생각할 수 있었습니다. 예루살렘으로 유월절 순례를 가는 가족과 함께 그리고 나중에는 제자들과 함께 예수님은 그 길을 다니셨습니다.

그곳에는 볼거리도 많았습니다. 그 옛 성에는 주전 8세기 아모스 선지자 시대 때부터 있던 건물을 보여주는 발굴 현장도 있었습니다. 로마 시대 때의 멋진 기둥과 폐허들도 있었습니다. 몇 킬로미터를 더 가면 예수께서 사마리아 여인과 그 유명한 대화를 나눴던 곳도 있었습니다. 사마리아를 지나가다 멈춰서 휴식을 취하던 예수님은 그곳에서 사람들을 만나 이야기를 나누셨고, 그들은 나중에 선한 사마리아인 이야기에 등장했습니다. 오늘의 복음서 교훈에서 우리는 예수께서 마지막으로 사마리아를 지나가시던 때의 이야기를 보게 됩니다. "예수께서 하늘에 올라가실 날이 다 되었다. 그래서 예수께서는 예루살렘에 가시기로 마음을 굳히시고 심부름꾼들을 앞서 보내셨다. 그들이 길을 떠나서 예수를 모실 준비를 하려고 사마리아 사람의 한 마을에 들어갔다. 그러나 그 마을 사람들은 예수가 예루살렘으로 가시는 도중이므로, 예수를 맞아들이지 않았다. 그래서 제자인 야고보와 요한이 이것을 보고 말하였다. '주님, 하늘에서 불이 내려와 그들을 태워 버리라고 우리가 명령하면 어떻겠습니까?' 예수께서 돌아서서 그들을 꾸짖으셨다. 그리고 그들은 다른 마을로 갔다."^{눅 9:51-56}

　　예수님은 사마리아를 지나가면서 단지 일요일의 휴식만 취하신 것이 아닙니다. 그곳에 있던 증오와 어려움도 함께 마주하셨습니다. 그분의 걸음이 즐거운 오후의 산책과 같았을 것이라고 생각해서는 안 됩니다. 예수님의 걸음은 총체적으로 깊이 관여하는 삶의 문제였습니다.

제16일

걷기

사마리아에서 온종일 걷고 그다음 날도 걸으면서(예루살렘까지는 나흘 정도 걸어야 했기 때문에 이때는 중간쯤 왔을 때였습니다), 예수께서 이 시골길을 얼마나 많이 경험하셨고 그 경험을 자신의 가르침에는 또 얼마나 많이 사용하셨는지를 깨달았습니다. 네 가지 종류의 땅의 비유, 겨자씨의 비유, 백합과 가시나무에 대한 언급, 까마귀와 참새와 추수 밭에 대한 언급, 그리고 포도원과 무화과나무에 대한 언급 등을 보면 알 수 있습니다.

　　예수님은 흙 가까이에 사셨습니다. 흙을 이해하고 사랑하셨습니다. 오늘날의 언어로 그분은 깊은 생태학적 인식을 가지고 있었다고 말할 수 있습니다. 예수께서는 모든 것이 연결되어 있다고 보았습니다. 그분은 맥락 속에서 가르치셨고, 하나님과 연결되어 있었습니다(우리는 이것을 당연하게 받아들입니다). 물론 창조계와도 연결되어 있었습니다(우리는 이것을 때로 잊어버립니다). 그래서 예수님은 우리가 살고 있는 모든 실재를 이해하셨습니다. 그래서 그분이 가르치는 것은 진실이고, 순례 길에서 우리를 인도하는 방식은 건강하고 실제적이며 효력이 있습니다.

몇 년 전에 어떤 사람이 제게 북극과 같은 조건에서 사용할 수 있는 장비를 군대를 위해 개발한 이야기를 해주었습니다. 그는 그 장비의 목적대로 그 조건에서 작동하는지 보기 위해 알래스카로 몇 주간 실험을 하러 갔습니다. 그 장비는 대체로 괜찮았지만, 실제 현장의 조건에서는 몇 가지를 수정해야 했습니다. 그래서 일반적인 상황에서만 좋은 것이 아닌 특수한 상황에서도 좋은 장비가 되기 위해서 필요한 변경 사항들을 도입했습니다.

예수님의 삶도 그러한 특징이 있습니다. 그것은 현장 실험을 거친 삶입니다. 예수님은 랍비들과 회당에서 토론하면서 자신이 가르칠 내용을 고안한 것이 아닙니다. 갈릴리 해변에 편안한 자리 한 곳을 차지하고 앉아서 그 동네에서 지치고 혼란에 빠진 사람들에게 자문 상담을 해준 것이 아닙니다. 그리고 예루살렘으로 가서 종교 관계자들 틈에서 한자리를 차지한 것도 아닙니다. 예수님은 시골로 가셨고, 길을 걸으셨으며, 밀밭과 포도원과 올리브 과수원 사이를 지나가셨습니다. 예수님은 온갖 부류의 사람들이 있는 곳으로 가셨습니다. 마을과 도시에서, 대로와 뒷골목에서, 산을 오르면서 그리고 바다에서 배를 타면서 사람들을 만나셨습니다. 예수께서 가지 않으신 곳은 없었습니다.

예수께서 걸으신 것은 사실이지만 걷는다는 것은 또한 은유이기도 합니다. 그와 관련된 표현이 우리의 성경 전통에서 얼마나 자주 사용되는지 깨닫는 순간, 우리는 그것이 은유라는 사실을 인식하게 됩니다. 예수님은 자신을 '길'이라고 칭하셨습니다.요 14:6 예수님의 제자들은 자주 '따르는 자'로 일컬어집니다. 바울은 우리에게 '성령으로 걷는 법'을 가르쳐 주었습니다.갈 5:16-26 시편 기자는 속도를 조금 더 붙여서 "내가 주님의 계명들이 인도하는 길로 달려가겠습니다"시 119:32라고 했습니다.

누가는 사마리아에서 이 점을 강조했습니다. 예수님은 사마리아에서 불친절하게 거절당하신 뒤 예루살렘을 향해 가던 길을 계속 가셨습니다. "그들이 길을 가고 있는데, 어떤 사람이 예수께 말하였다. '나는 선생님이 가시는 곳이면, 어디든지 따라가겠습니다.' 예수께서 그에게 말씀하셨다. '여우도 굴이 있고, 하늘을 나는 새도 보금자리가 있으나, 인자는 머리 둘 곳이 없다.' 또 예수께서 다른 사람에게 '나를 따라오너라' 하고 말씀하셨다. 그러나 그 사람이 말하였다. '[주님,] 내가 먼저 가서 아버지의 장례를 치르도록 허락하여 주십시오.' 그러나 예수께서는 그에게 말씀하셨다. '죽은 사람들을 장사하는 일은 죽은 사람들에게 맡겨두고, 너는 가서 하나님 나라를 전파하여라.' 또 다른 사람이 말하였다. '주님, 내가 주님을 따라가겠습니다. 그러나 먼저 집안 식구들에게 작별 인사를 하게 해주십시오.' 예수께서는 그에게 말씀하셨다. '누구든지 손에 쟁기를 잡고 뒤를 돌아다보는 사람은 하나님 나라에 합당하

지 않다.'"^{눅 9:57-62}

    이 세 남자 모두 예수님을 따르는 것에 대한 나름대로의 견해가 있었고, 실제로 따르려는 생각을 가지고 있었습니다. 그러나 이러저러한 이유에서 그들은 예수님을 따르지 않았습니다. 믿음의 삶에서 생각은 매우 중요합니다. 생각은 우리가 일 전체를 이해하고 어떻게 그것에 맞출지를 알게 하는 정신적 도구입니다. 그러나 그것만으로는 안 됩니다. 좋은 의도도 믿음의 삶에서 매우 중요합니다. 그것은 일을 추진하게 해주는 불꽃으로 그 불꽃 없이는 불이 붙지 않습니다. 그러나 좋은 의도만으로도 부족합니다. 안락의자에 앉아서 우리는 하나님과 우리 자신과 인생에 대해서 수많은 진실한 생각을 할 수 있지만, 정작 생각은 우리 삶에 아무런 영향을 미치지 못합니다. 일 년 내내 매주 교회에 나와서 듣는 말씀과 찬송에 깊이 감동을 받고, 세상에 나가서 앞으로는 더 잘해야겠다고 다짐하고도 금세 다 잊어버릴 수 있습니다. 예수님은 자신을 따르겠다고 말한 세 사람을 도전하시면서 단순한 생각과 의도만으로는 부족하다는 것을 분명히 보여주십니다. 예수님을 따르는 것은 물리적인 행동이기 때문입니다.

    따른다는 것은 믿음의 삶을 일컫는 탁월한 은유가 되었습니다. 그것은 우리가 정신으로 배우는 것과 결심으로 의도하는 것을 신실한 실천으로 옮긴다는 것을 뜻하기 때문입니다. 우리는 예수님과 함께 어딘가로 갑니다. 여행을 합니다. 걷습니다.

    걷는 것이 무엇이든 그것은 단지 어딘가로 가는 수단만은 아닙니다. 값싼 이동 수단에 불과한 것이 아닙니다. 걷는다는 것은 몸, 정신, 의지가 조화롭게 연결되는 특별한 존재 형태입니다. 걷는 것에는 전체적인 조화로움이 있습니다. 걷기를 좋아했던 헨리 데이비드 소로우Henry David Thoreau는 걷는 것의 의미에 대해서 뛰어난 에세이를 썼는데, 걷는 것은 단지 신체적 유익만 있는 것이 아니라 영적이고 도덕적인 유익도 있다고 했습니다.[8] 자동차로 인해 걷기가 사라진 것은 단지 신체적인 결과만을 가져온 것이 아닙니다. 사실상 영적 인지력까지 약화시키게 되었습니다. 이동은 더 빨라졌지만, 경험은 줄어들었습니다.

예수님을 따른다는 것은 전적으로 그곳에 가 있어야 한다는 뜻입니다. 단지 우리의 생각이나 열망이 아니라 우리의 근육부터 모든 것이 가야 합니다. 예수님과 함께 걷는다는 것은 믿음, 소망, 사랑, 회개, 용서, 그리고 은혜와 같은 큰 단어들을 우리 삶의 구체적이고 지리적인 조건에서 듣게 되고 경험하게 된다는 뜻입니다. 길에서, 사무실 건물에서, 쇼핑몰에서, 학교에서, 공장에서 예수님을 따른다는 것은 최대한 빠른 직진 코스로 천국에 가는 것을 의미하지 않습니다. 우리는 이 땅에 있고, 이 땅 안에서 그리고 이 땅 위에서 살아야 합니다.

최근 이스라엘 여행에서 우리에게 가장 감명 깊었던 것은 현장 학습을 나온 학생들이었습니다. 그들은 걷고 있었습니다. 아이들 한 무리가 선생님과 함께 이곳에서 저곳으로 걷고 있었고 종종 무장한 군인들의 보호를 받으며 걷고 있었습니다. 아이들은 로마 시대의 송수로를 보기 위해서 가이사랴 근처를 터벅터벅 걷기도 했습니다. 그때 우리는 뉴욕의 용커스에서 이스라엘로 1948년에 이민을 온 이스라엘 사람과 이야기를 하고 있었습니다. 그는 이스라엘이라는 나라가 처음 생길 때부터 있었던 원래의 시민이 었습니다. 그는 이스라엘 아이들은 이 세상에서 가장 많이 걷는 아이들이라고 했습니다. 그들은 전국을 걷습니다. 발로 자기 땅을 알도록 배우는 것입니다. 그들은 걸으면서 그 땅을 자기 것으로 만들었습니다. 언덕과 계곡, 시장과 마을, 폐허와 기념물 곳곳에 자기 경험의 개인적 발자국을 남기게 됩니다. 예수님과 그 제자들이 걷다가 사마리아에서 쉬려고 멈추었을 때 한 일도 바로 그것이 었습니다. 그리고 여러분과 저도 그 일을 하고 있습니다. 예수님과 함께 걸으면서 우리 발아래 있는 땅과 우리 주변 사람들에게 주의를 기울이면서 하늘에서 일어나는 일이 땅에서도 일어나게 하고 있습니다.

아멘.

제17일

분노

계속해서 길을 가다가, 예수께서 한 마을에 들어가셨다. 마르다라는 여자가 그분을 맞아 편히 쉬도록 모셨다. 그녀에게 마리아라는 동생이 있었는데, 마리아는 주님 앞에 앉아 그분의 말씀을 경청하고 있었다. 그러나 마르다는 해야 할 온갖 부엌일로 마음이 분주했다. 얼마 후에, 마르다가 그들의 이야기를 끊고 끼어들었다. "주님, 제 동생이 부엌일을 저한테만 떠넘기고 있는데, 그냥 두십니까? 저를 좀 거들어 주라고 동생에게 말씀해 주십시오." 누가복음 10:38-40

마리아와 마르다 두 자매의 이야기는 목사가 다루기 힘든 이야기입니다. 누가가 우리에게 들려주는 이 이야기에서 그려진 마리아의 모습에 대해서 목사가 열의를 내는 것은 거의 불가능에 가깝습니다. 하지만 한번 해보도록 하겠습니다.

미룰 수도 없고 지금 당장 해야만 하는 일을 잔뜩 떠맡았는데, 여러분의 처지를 알고 있고 또 충분히 도울 수도 있는 사람이 앉아서 아무것도 하지 않고 있을 때만큼 짜증 나는 일도 없습니다. 그런데 그 사람이 여러분의 여동생, 남동생, 친구, 이웃이라면 그 짜증은 쉽게 분노로 돌변합니다.

마리아와 마르다의 이야기가 바로 그런 상황인 것 같습니다. 예수께서는 어떤 지방을 지나가다가 한 마을에 들어가게 되었고 "마르다라고 하는 여자가 예수를 자기 집으로 모셔 들였"습니다.눅 10:38 복음서에서 이 여자의 이름이 나오는 다른 상황들로 미루어 볼 때, 우리는 이들이 오랜 친구이고 예수님은 마르다의 집을 편하게 여기셨다고 가정할 수 있습니다. 마르다는 관대한 사람이었습니다. 손대접을 잘했고, 사람들을 쉽게 청했습니다. 그러나 예수께서 그 마을을 지나가신 것은 예정에 없던 일이었기 때문에 바로 그렇게 찾아오실 줄은 전혀 몰랐습니다. 마르다는 예수님을 사랑했지만, 그분은 예고도 없이 게다가 언제나 식사 때에 맞춰 나타나시는 습관을 가지고 있었습니다. 왜 미리 전갈을 주시지 않는 거지? 천사는 두었다가 어디에 쓰시려고? 마르다는 미처 준비가 안 된 채로 예수님을 맞이해야 했고, 그런 일은 처음이 아니었습니다. 마르다는 정신없이 준비했습니다. 잠자리도 준비해야 하고 식사도 계획해야 했습니다. 어제 떠난 손님들의 침대 시트를 이제 막 빨아서 마당에 널어 놓았습니다. 올리브 오일과 오이가 떨어져서 시장에 나가 샐러드 재료를 사와야 했습니다.

한편 이웃 사람들은 예수께서 예고도 없이 왔다는 소식을 듣고 인사도 하고 이야기도 들을 겸 찾아왔습니다. 예수님이 들려주는 이야기와 천국에 대한 이야기들을 사람들은 좋아했습니다. 그분의 이야기는 무척 흥미로웠고 그분은 너무나 지혜로우셨습니다. 그분에게는 무엇이든 물어볼 수 있었고, 그분이 이야기를 하실 때면 그것은 정말 어디에서도 들어 보지 못한 이야기였습니다. 문장 하나하나가 전부 새롭고 폐부를 꿰뚫었습니다. 사람들이 둘러앉아 예수님의 이야기를 들은 것은 전혀 놀라운 일이 아니었습니다. 그리고 마르다도 그것을 좋아했습니다. 사람들이 자기 집에 오는 것을 좋아했고 예수께서 손님으로 오는 것을 좋아했습니다. 할 일은 많았지만 마르다는 개의치 않았습니다.

그러나 그날은 좀 일이 많았습니다. 사람들이 모여 앉아 있을 때 그녀는 한 손에는 시장에서 산 포도 한 봉지와 다른 한 손에는 이웃에게 빌린 밀가루 한 컵을 들고 들어왔습니다. 샐러드와 함께 낼 피타 빵을 만들 생각이었습니다. 그런데 바로 그 앞에 여동생 마리아가 이웃과 함께 바닥에 앉아서 예수님의 가르침을 듣고 있었던 것입니다.

그것이 결정타였습니다. "아니 마리아가 웬일이래?" 마르다는 화가 날 만했습니다. 그녀는 예수께 한마디 했습니다. "주님, 내 동생이 나 혼자 일하게 두는 것을 아무렇지 않게 생각하십니까? 가

서 거들어 주라고 내 동생에게 말씀해 주십시오."눅 10:40

　　그런데 예수님은 그렇게 하지 않으셨습니다. 가서 마르다를 도우라고 하기는커녕 오히려 그녀를 나무라셨습니다. "마르다야, 마르다야, 너는 많은 일로 염려하며 들떠 있다."눅 10:41 마르다가 뭐라고 응수했는지는 나와 있지 않지만, 누구나 상상할 수 있을 것입니다. "당연히 많은 일로 염려하고 근심할 수밖에요. 그렇지 않아요? 아무런 예고도 없이 그것도 딱 식사 시간에 이렇게 찾아오셨잖아요. 집은 엉망이고 당장 차릴 수 있는 음식도 없고. 제가 할 일이 얼마나 많은지 아세요? 그런데 제 여동생, 그 귀한 여동생, 그 '영적인' 애가 일을 다 제게 맡기잖아요. 그런데 선생님은 신경도 안 쓰시고요!"

　　하지만 예수님의 말은 끝나지 않았습니다. 마르다는 화가 나서 툴툴거리며 부엌으로 가버리는데 예수께서는 마리아의 무책임한 영성을 꾸짖는 것이 아니라 오히려 무슨 대단한 일을 한 것처럼 칭찬을 하셨습니다. 마르다는 그 소리를 들었습니다. "마리아는 좋은 몫을 택하였다. 그러니 아무도 그것을 그에게서 빼앗지 못할 것이다."눅 10:42

　　자, 여기까지입니다. 가장 흔히들 이 이야기를 들려주는 방식으로 마르다, 마리아, 그리고 예수님의 이야기를 상황적으로 재구성해 보았습니다. 그 흔한 방식이란 바로 예수님은 구원의 일은 잘하시지만, 가정이나 사업을 운영하는 일에 대해서는 잘 모르신다는 것입니다. 어떤 부류는 앉아서 예수님의 가르침을 듣지만, 나머지 사람들이 나서서 거들고 일을 처리하지 않으면 앉아 있는 그들은 배가 고플 수밖에 없는 것이 현실입니다. 하지만 조금 더 이야기를 따라가 보도록 하겠습니다.

제18일

이야기의 전말

앞에서 살펴본 이야기는 대부분의 사람이 가장 흔히 이해하는 방식으로 재구성한 것입니다. 하지만 이야기의 정황을 상당히 바꿀 수 있는 자세한 내용은 더러 생략되었습니다. 좀 더 자세히 살펴보고 나면 마르다의 상황에 공감하고 마리아와 예수님에 대해서는 짜증을 내게 하려고 누가가 이 이야기를 포함시킨 것이 아니라는 사실을 이해하게 될 것입니다.

　첫 번째 내용은 이것입니다. 예수께서 자신을 따르는 우리에게 무엇보다 끈질기게 주장하신 것은 서로를 섬겨야 한다는 것이었습니다. "그러나 너희끼리는 그렇게 해서는 안 된다. 너희 가운데서 누구든지 위대하게 되고자 하는 사람은 너희를 섬기는 사람이 되어야 하고, 너희 가운데서 누구든지 으뜸이 되고자 하는 사람은 모든 사람의 종이 되어야 한다. 인자는 섬김을 받으러 온 것이 아니라 섬기러 왔으며, 많은 사람을 구원하기 위하여 치를 몸값으로 자기 목숨을 내주러 왔다."막 10:43-45 그리고 이 말씀도 있습니다. "누가 더 높으냐? 밥상에 앉은 사람이냐, 시중드는 사람이냐? 밥상에 앉은 사람이 아니냐? 그러나 나는 섬기는 사람으로 너희 가운데 있다."눅 22:27 섬기는 삶이 곧 그리스도인의 삶입니다. 그리고 섬기는 삶이란 눈에 띄지 않는 단조로운 일과 예고 없이 갑자기 주어지는 일을 많이 맡게 된다는 뜻입니다. 따라서 마르다가 무엇으로 질책을 받았건, 그것은 마르다의 손대접이나 그 집에서 마르다가 보여준 섬김의 삶 때문이 아니라는 것은 분명합니다.

그러나 이 본문의 첫 문장에 주목해 보십시오. "그들이 길을 가다가, 예수께서 어떤 마을에 들어가셨다."눅 10:38 예수께서 이 마을에 들르셨을 때 우리는 그분이 어디로 가는 길이었는지 알고 있습니다. 바로 예루살렘입니다. 앞에서 우리는 "예수께서 하늘에 올라가실 날이 다 되었다. 그래서 예수께서는 예루살렘에 가시기로 마음을 굳히시고"눅 9:51라는 이야기를 들었습니다. 이것은 우리가 이야기의 결말로 다가가고 있다는 신호입니다. 길을 벗어나거나 별도로 새는 일 없이 결말을 향해 곧장 달려가는 것입니다. 이어지는 열 개의 장에서 누가는 예루살렘으로 가는 이 마지막 여행에서 일어난 일을 우리에게 알려 주고 있습니다. 말하자면 예수님은 자신이 떠나고 난 후에 우리가 어떻게 그리스도인의 삶을 살아야 하는지에 관한 순회 세미나를 하고 계신 셈이었습니다. 예수님은 예루살렘에서 죽음을 맞이할 것입니다. 부활과 승천 후에는 예수님을 따르는 자들이 그분의 하나님 나라 사역을 계속해 나갈 것입니다. 그래서 예수님은 그들을 훈련시킨 것입니다. 다시 말해, 예수님은 성령을 통해 우리와 함께하지만 더 이상 물리적으로는 함께 있지 못할 때에 우리와 같은 사람들이 어떠한 말과 행동을 하며 일상을 살아야 하는지 보여주기 위해서 세심하고 자세하게 준비시키고 계셨습니다.

이 훈련 세미나가 결론에 도달하고 있다는 것은 누가복음 19장에 나오는 예수께서 "예루살렘에 가까이 이르신 데다가", "앞장서서 걸으시며 예루살렘으로 올라가고 계셨다"라는 말을 통해 알 수 있습니다. 그다음 사건은 종려 주일의 입성이고 그 후에 수난, 십자가, 그리고 부활의 성주간이 이어집니다. 복음서에서 본문을 읽을 때는 이야기 전체를 보지 않으면 이해할 수 없습니다. 그리고 여기에서도 전체적인 이야기가 매우 중요합니다. 이 맥락을 이해하고 나면, 곧 예루살렘의 절정 직전에 있었던 이 집중적인 가르침과 훈련의 시기를 이해하고 나면, 우리는 이 이야기를 조금은 다른 시각에서 보는 동시에 제가 앞에서 그냥 지나친 단어를 눈치채게 될 것입니다. '마음이 분주하다'(영어 성경에서는 'distracted'로 번역되어 있다. 이는 다른 데 정신이 팔려서 집중하지 못하는 상태를 일컫는다—옮긴이).

누가는 "마르다는 여러 가지 접대하는 일로 분주하였다"고 기록했고, 예수님은 마르다에게 "너는 많은 일로 염려하며 들떠 있다"고 하셨습니다.눅 10:40-41 분주하다는 것은 현실적이고, 열심히 일하며, 손대접의 임무를 진지하게 받아들인다는 것과는 의미가 좀 다릅니다. 분주하다는 것은 "집중하지 않는다"는 뜻입니다. 중심이나 닻이 없어서 누구에 의해서든 무엇에 의해서든 이리저리 흔들린다는 것입니다. 그날 누가가 보여주고 있는 마르다와 마리아의 집에 계신 예수님은 모든 것을 한곳으로 모아 정리하시면서 앞으로 자신을 증거하고 자신에게 순종하며 살 거룩한 공동체로 자원하는 사람들을 모으고 계셨습니다.

예수님이 중심이었습니다. 결말의 때가 다가오면서 말 하나하나가 중요해졌습니다. 할 일은 많았고—치유와 가르침, 설교와 손대접, 고난과 도움—그 일을 예수님의 방식대로 하는 법을 그들은 배워야 했습니다. 그들은 "추수할 것은 많으나, 일꾼이 적다. 그러므로 추수하는 주인에게 추수할 일꾼을 보내 달라고 청하여라"는 말을 이제 막 들었습니다.눅 10:2 예수님의 말하는 법을 배우고 그분의 방식으로 일하는 법을 배우지 않으면, 우리는 빠르게 탈진하거나 자신의 이기적인 야심을 가리는 방패로 예수님의 명성을 이용하게 될 것입니다. 이러한 관점에서 볼 때 마리아는 현실적인 사람이고 마르다는 비현실적인 사람이 됩니다. 마리아는 예수님의 말을 듣고 있었습니다. 무엇을 해야 하고 어떻게 해야 하는지를 알기 위해서 들었습니다. 들음으로써 그녀의 상상력은 이웃의 필요를 알아보는 방법을 익히고 있었습니다. 현란한 종교와 실제적인 사랑을 구분하는 법을 배우고 있었습니다. 기도가 어떻게 개인적이고 직접적인지, 조작과 마술과는 어떻게 다른지를 깨닫고 있었습니다. 사람을 물건이나 기능으로 여기는 것이 얼마나 파괴적인지, 그리고 모든 것과 모든 사람을 선물로 받는 것이 얼마나 큰 해방을 주는지 깨닫고 있었습니다. 그리고 또 다른 많은 것을 깨닫고 있었습니다.

그런데 마르다는 듣지 않고 있었습니다. 머지않아 예수님은 그 집을 떠나셔야 했으며, 더는 그곳에서 먹거나 주무실 일이 없었습니다. 하나님의 영광을 위해 살게 될 마르다는 그날 훈련받아야 했으며 준비되어야 했습니다. 듣지 않는 사람들은 대체로 너무 많은 일을 하거나 일을 그르치는 경향이 있습니다.

몇 년 전 레이크사이드 남쪽에 있는 저희 집을 새롭게 보수했습니다. 아버지께서 53년 전에 지은 집이자, 이제는 우리 부부가 살게 된 집이었습니다. 보수 작업이 진행되는 대부분의 기간 동안 우리 부부는 밴쿠버에 살고 있었는데, 하루는 딸 캐런이 그곳에 들렀다가 인부들이 안쪽 벽을 허무는 것을 보았습니다. "와! 벽 하나에 이렇게 많은 못이 박혀 있다고? 누가 세운 벽일까?" 하고 인부 한 사람이 탄성을 지르며 말했습니다. 그러자 캐런이 대답했습니다. "할아버지가 하셨어요. 벽이 무너지지 않게 하려고 하신 거죠." 아버지는 제법 건축을 잘하셨지만 제대로 알고 하신 것은 아니었습니다. 그래서 자신이 없을 때는 일단 못을 많이 박았던 것입니다.

캐런이 그 이야기를 들려주었을 때, 저는 처음으로 1.6킬로미터를 4분 이내에 주파한 로저 배니스터가 목공을 처음 시도했을 때 한 말이 기억났습니다. 그는 자신의 부족한 실력을 못을 많이 박는 것으로 메운다고 했습니다.

사는 일만큼 가르침과 훈련이 많이 필요한 일도 없습니다. 하나님의 영광을 위해 사는 것, 예수님을 위해 사는 것, 사랑과 소망과 믿음으로 사는 것, 인내와 온유함으로 사는 것, 희생적으로 그리고 접대하며 사는 것, 자녀 그리고 부모와 함께 사는 것, 존엄성과 기쁨을 가지고 사는 것. 이러한 삶에 대해 예수님보다 더 쉽게, 더 가까이에서, 더 탁월하게 가르쳐 줄 수 있는 분은 없습니다. 그래서 우리는 일요일마다 이 예배당으로 돌아와서 예수님의 발치에 앉아 그분의 말씀을 듣는 것입니다. 우리는 예수님과 함께 우리 삶의 모든 구체적인 것들을 살아 내는 방법을 배우고 있습니다.

아멘.

제19일

신중한

그 일이 있는 동안에 맏아들은 밭에 나가 있었다. 그가 하루 일을 끝내고 들어오는데, 집 가까이 이르자 음악소리와 춤추는 소리가 들렸다. 그는 종을 불러서 무슨 일인지 물었다. '동생 분이 집에 돌아왔습니다. 그가 무사히 집에 돌아왔다고 주인 어른께서 잔치를 열라고 명하셨습니다. 쇠고기 파티입니다' 하고 종이 말해 주었다. 맏아들은 분하고 언짢아서, 저만치 물러나 집에 들어가려고 하지 않았다.

누가복음 15:25-28

탕자의 비유는 우리 내면의 삶을 폭로합니다. 이 비유를 주의해서 들여다보면 우리 자신을 보게 될 것이고, 하나님 또한 보게 될 것입니다. 이 비유는 우리의 전기이자 하나님의 은혜입니다. 성경을 읽다 보면 우리 자신의 모습을 들여다볼 기회가 많지만, 이 비유처럼 인간 마음의 허세를 효과적으로 파헤치는 경우는 드뭅니다. 우리는 거울을 통해 자신의 신체가 어떠한 모습인지 알 수 있습니다. 정신분석학자를 찾아가면 우리의 감정과 내면이 어떠한 상태인지 알 수 있습니다. 그러나 하나님과의 관계에서 우리가 어떤 모습을 하고 있는지 알기 위해서는 성경으로 돌아가야 합니다. 성경의 거울로부터 우리는 하나님이 창조하셨고, 하나님으로부터 소외되었고, 하나님이 찾으시는 인간을 대면하게 됩니다.

이 이야기는 두 아들과 그들의 아버지에 관한 이야기입니다. (소위 탕자라 불리는) 아들과 (그를 기다리는 하나님이신) 아버지의 관계에 대해서는 많이들 이야기했습니다. 그래서 오늘은 신중하다고 할 수 있는 맏아들에 대해서 살펴보려고 합니다. 두 아들 모두가 고려의 대상이어야 하는데 맏아들은 종종 무시되었습니다. 이 두 아들은 옷 가게에 있는 여러 거울과 같은 기능을 합니다. 옷 가게 바로 앞에 있는 거울을 보면 전부 괜찮아 보입니다. 그런데 두 번째 거울에서 옆모습이나 뒷모습을 보면 이상해 보입니다. 탕자를 보고 우리는 즉시 그것은 다른 사람의 이야기라고 생각할 수 있습니다. 그러나 계속해서 그 비유를 들여다보면 우리 자신의 모습이 맏아들의 모습에 반영된 것을 볼 수 있습니다.

어느 학자는 이 두 아들을 '집 나간 아들과 집에 남은 아들'

로 묘사했습니다.' 두 번째로 언급된 아들, 집에 남은 아들은 어떤 사람이었을까요? 이 질문을 할 때 우리는 사실상 "나는 어떤 사람일까?"라는 물음을 동시에 갖게 됩니다.

이 비유에 나오는 가정은 아버지와 두 아들로 이루어져 있습니다. 집안의 규율이 지켜워진 둘째 아들은 자기 몫의 유산을 달라고 하고는 그것을 받아서 신나게 세상 구경을 떠나 재미를 봅니다. 그것은 어리석은 일이었고, 끝이 좋지 않았습니다. 그는 잠시 호화롭게 살았지만 곧 추락했습니다. 신나고 자극적인 삶은 기근으로 끝이 났고, 그는 돼지에게 먹이를 주는 사람이 되었습니다. 유대인으로서는 가장 비천한 직업이었습니다.

여기까지 형에 대해서는 아무런 말이 없습니다. 하지만 나중에 나오는 그의 반응에 기초해 볼 때 그의 기분이 어땠을지 상상하는 것은 그리 어렵지 않습니다. 이 형을 볼 때 우리의 본능적인 첫 반응은 존경일 것입니다. 어쨌거나 그는 비합리적인 욕망을 전혀 내세우지 않았고, 열심히 일했고, 아버지와 함께 있었고, 자신에게 주어진 삶에 대해 책임을 지고 행동했습니다. 그는 인생을 진지하게 받아들였고 일을 잘 해냈습니다. 겉에서 볼 때 그의 삶은 무미건조해 보일지 몰라도, 적어도 보람된 삶이었습니다.

그러나 그렇게 사는 내내 그의 속은 부글대고 있었습니다. 동생은 나가서 즐기는데 자신은 모든 책임을 다 짊어져야 했기 때문입니다. 동생은 나가서 집안의 재산을 탕진하고 있는데 자신은 날마다 재산을 지키려 애쓰고 있었습니다. 그는 "자기 삶의 중심이 되었고 그 중심은 너무 검게 그을려 그 삶 자체가 검정색이었습니다. 그는 기질이 교만했는데, 이것은 육신의 교만보다 더 고치기가 힘든 것입니다. 핏속에 있는 바이러스를 치료하는 것이 벌어진 상처를 치료하는 것보다 더 힘든 것처럼 말입니다."[10]

세월을 전부 낭비한 동생이 돌아와 집에서 환영을 받자 형이 품고 있던 음울한 감정은 성난 화산처럼 폭발했습니다. 그는 부루퉁한 채 동생의 환영 잔치에 참석하지 않겠다고 했습니다. 그리고 그가 던진 말은 그동안 그가 어떤 기분으로 살아왔는지를 보여줍니다. 그는 동생의 유쾌함을 질투했고, 탕자가 만찬으로 환영을 받자 두 배로 질투했습니다. 그는 질투하는 만큼이나 자기 의에 빠져 있었습니다. 둘째 아들이 "창녀들과 어울려서 아버지의 재산을 다 삼켜 버렸다"눅 15:30는 그의 지적은 가차 없는 정죄였습니다. 그는 또한 질투하고 자기 의에 빠진 만큼, 자기 연민에도 빠져 있었습니다. "여러 해를 두고 아버지를 섬겼는데 나에게는 염소 새끼 한 마리도 주신 일이 없다"눅 15:29는 말은 그것을 가장 정확히 드러내는 표현입니다. 질투, 자기 의, 자기 연민은 모두 자신 속을 향하는 눈에서 나옵니다. 맏아들은 하나님을 예배하는 척하면서 사실상 스스로 신이 되어 버렸습니다. 둘째 아들은 탕자였지만 적어도 마음의 일부는 집을 향해 있었습니다. 반면 맏아들은 몸만 집에 있을 뿐, 마음으로는 탕자였습니다.[11]

이 맏아들은 매력이 없는 인물입니다. 자기가 받을 몫을 계산하여 이 세상에서 자신의 기회를 무모하게 탕진하는 일을 피한 이 신중한 아들은 별로 매력이 없습니다.

제20일

우리 자신

그는 어쩌다가 그렇게 되었을까요? 이것은 우리 자신에 대해서 하는 이야기라는 점을 기억하십시오. 그 시작은 아버지에 대한 잘못된 태도에 있었습니다. 아버지를 고용주로 대했던 것입니다. 일과와 지시가 있었고, 그는 그것들을 지켰습니다. 아버지를 상사로 여겼고 그래서 봉사했습니다. 아버지에게 봉사하고 순종했지만, 그에게는 아버지의 아들로 산 흔적이 없었습니다. 다른 이들과 함께 하는 즐거움을 배울 수 있는 아버지와의 시간을 갖지 못한 것입니다. 그에게는 자신만의 인생이 있었고 홀로 그 인생을 살았습니다. 그는 자신이 해야 하는 일만 했고 그 이상은 관여하지 않았습니다.

교회생활이 어떠한 규칙의 목록이 되고 의무의 봉사가 되어 버리면, 그것은 정말이지 답답하고 견딜 수 없는 일이 됩니다. 지켜야 하는 규칙이 있고 해야 하는 봉사가 있는 것은 사실입니다. 우리 주님께서는 많은 것을 명하셨습니다. 그러나 그것이 믿음의 삶은 아닙니다. 믿음의 대상은 아버지 자체입니다. 아버지의 일을 하느라 아버지를 외면하게 되면 일의 균형은 깨어집니다. 왜곡은 심해져서 심지어 설교자들마저도 매력적인 죄인들과 케케묵은 성인들에 관한 이야기를 하게 됩니다. "자신을 그리스도인이라고 하면서 아버지의 집에서 이방인으로 살고 불평하는 종으로 살다니 얼마나 한심한 일입니까."[12]

아버지에 대한 이러한 잘못된 태도가 자기 형제에 대한 잘못된 태도로 발전했습니다. 신중한 아들은 방탕한 동생을 아주 천히 여겼습니다. 무정하게 그를 판단했습니다. "창녀들과 어울려서 아버지의 재산을 다 삼켜 버린 이 아들"눅 15:30이라고 그는 말했습니다. 이보다 더 가혹한 말은 없을 것입니다. 그는 자기 동생을 돌아온 동생이 아닌 닳고 닳은 죄인으로 보았습니다. 규칙을 깨 버리고 더 이상 흥미를 잃자 집으로 돌아온 자로 여겼습니다. 한때 그가 집에서 동생과 즐거운 시간을 보냈고 이제 다시 그럴 수 있게 되었다는 것은 생각조차 하지 않았습니다. 그는 율법의 안경으로 바깥세상을 바라보았습니다. 그래서 그는 동생이 아닌 죄인을 본 것입니다. 동생을 인격체로 대한 것이 아닌 하나의 도덕적 양식으로 보았습니다. 그는 인격적인 관계의 즐겁고 흥분되는 세계를 생기 없고 침울한 도덕으로 대체했습니다.

이러한 가혹한 판단 때문에 그는 동생으로부터 자신을 소외시켰습니다. 매우 중요한 호칭의 변화가 있습니다. 그는 '이 동생'이 아닌 '이 아들'이라고 했습니다. 그는 그토록 행실이 나쁜 사람하고는 관계를 맺지 않을 참이었습니다. 탕자와의 친족 관계로 자신을 오염시킬 수는 없었습니다. 탕자가 아버지의 아들이긴 해도 나의 형제는 아니라는 것입니다. 하지만 탕자를 형제로 부르지 않고자 했던 순간, 그는 자신의 아들됨도 저버리게 되었습니다. 아버지가 베푸는 잔치는 온 가족을 위한 만찬이었습니다. 신중한 아들은 화가 나서 그 잔치에 참여하지 않겠다고 했습니다.

이 이야기의 핵심은 방탕한 아들이나 신중한 아들이 아니라 바로 아버지입니다. 맏아들을 그토록 분노케 한 탕자를 향한 아버지의 용납은 은혜에 기반한 것이었습니다. 그것을 이해하지 못한 형은 잔치에 참여하지 않겠다고 했습니다. 그러나 이처럼 자기 의에 빠져 화를 내는 아들을 아버지는 그냥 내버려두지 않습니다. 그는 나가서 아들더러 들어오라고 간청하면서 너도 모든 것을 다 가질 수 있다고 확신시켜 줍니다. "얘야, 너는 늘 나와 함께 있으니 내가 가진 모든 것은 다 네 것이다."눅 15:31 그는 방탕한 아들과 신중한 아들 모두에게 아버지였습니다. 그는 이 아들을 편들기 위해 저 아들을 무시하는 행동을 하지 않았습니다.

이러한 용납과 회복은 요구하기 전에 주고 사랑받기 전에 사랑하는 하나님의 은혜의 표상입니다. 맏아들은 아버지의 기쁨을 이해할 수 없었습니다. 그 기쁨은 동생의 태도에서 비롯된 것이 아니라, 동생이 다시 한번 아버지의 사랑의 품으로 와서 아들이 되었다는 데서 비롯된 것이었습니다. 아버지는 맏아들을 여전히 사랑했지만, 그 아들이 반대한다고 해서 탕자의 아들됨을 부인할 수는 없었습니다. 하나님은 자신만의 이유로 사람을 용납하십니다. 그리고 아버지의 집에서 사귐을 누릴 자격이 있는 사람이 누구인지 판단하는 우리의 생각에 휘둘리지 않으십니다.

어떤 사람은 방탕한 아들에게서 자신의 모습을 볼 것이고, 어떤 사람은 신중한 아들에게서 자신의 모습을 볼 것입니다. 어떤 사람은 방황을 한 적이 있을 것입니다. 어떤 사람은 관습적인 삶을 살았을 것입니다. 그러나 대부분의 사람들은 이 두 아들이 제공하는 이중의 거울 속에서 자신의 모습을 조금씩 발견할 것입니다. 방탕함과 신중함 모두는 우리를 하나님에게서 분리시킵니다. 하나님이 보시기에 그 둘은 거의 똑같습니다. 그것들은 우리가 자신의 뜻 안에서 행복하게 살기를 바라는 아버지와의 교제에서 벗어나게 하기 때문입니다.

방탕함은 외적인 반항으로 아버지와 멀어지게 합니다. 신중함은 내적인 분리로 아버지와 멀어지게 합니다. 겉으로 볼 때, 두 아들은 착한 사람과 나쁜 사람으로 보입니다. 그러나 내면을 보시는 하나님은 그들 모두를 아버지와의 관계를 끊어 버린 아들들로 보십니다. 또한 방탕함과 신중함은 하나님과 우리를 분리시킬 뿐만 아니라, 형제들 사이에도 커다란 장벽을 세웁니다. 방탕한 사람은 신중한 사람을 경멸하고, 신중한 사람은 방탕한 사람을 멸시합니다. 세심한 사람은 대책 없이 사는 사람과 관계를 맺고 싶어하지 않으며, 반대로 대책 없이 사는 사람은 세심한 사람과의 시간을 지루하기 짝이 없다고 여기곤 합니다. 그런 다음 스스로를 아버지와의 교제에서 끊어 버립니다.

이 비유의 마지막 말로, 잃어버린 아들을 찾아서 기뻐하시는 아버지는 신중한 아들에게 그 기쁨에 함께 동참할 것을 요청합니다. "너의 이 아우는 죽었다가 살아났고, 내가 잃었다가 되찾았으니, 즐기며 기뻐하는 것이 마땅하다."녹 15:32 마찬가지로 교회는 '하나님과 함께 기뻐하는 사람들의 공동체'라고 부를 수 있을 것입니다.

아멘.

요한복음

A Month of Sundays

제21일

이처럼 사랑하사

하나님께서 이 세상을 얼마나 사랑하셨는지, 그분은 하나뿐인 아들을 우리에게 주셨다. 그것은 아무도 멸망하지 않고, 그를 믿는 사람은 누구나 온전하고 영원한 생명을 얻게 하시려는 것이다. 하나님께서 고통을 무릅쓰고 자기 아들을 보내신 것은, 세상을 정죄하고 손가락질해서 세상이 얼마나 악한지 일러 주시려는 것이 아니다. 아들이 온 것은, 세상을 구원하고 다시 바로잡으려는 것이다.요한복음 3:16-17

✑

최근 친한 친구가 흥미로운 관찰을 한 이야기를 제게 들려주었습니다. 그는 그리스도인들은 세상에 대해서 기본적으로 두 가지 반응을 한다고 말했습니다. 즉 세상에 대해 화를 내거나 아니면 세상을 두려워한다는 것입니다. 그런 식으로는 한 번도 생각해 본적이 없습니다만, 친구의 말을 듣고 제 주변을 관찰해 보니 그 말이 옳다는 생각이 들었습니다. 지난 두 주간 저는 그의 주장을 실험해 보기 위해서 자료를 모으기 시작했습니다. 저와 함께 살고일하고 있는 사람들과의 대화, 그들의 대답과 반응을 정리해 봤습니다. 그런데 대부분 그 두 범주, 두려움이나 분노 중 하나에 맞아떨어졌습니다. 어려움과 위기의 때에는 서로의 범주가 바뀌기도했습니다. 또 알게 된 것이 무엇인지 아십니까? 화를 내거나 두려워하는 사람들의 삶의 맥락을 보면 그런 반응을 탓할 수가 없다는것입니다. 사실은 저도 그들 중 하나입니다. 이 세상에는 두려움을주는 것들이 많습니다. 그리고 그만큼 화가 나는 일도 많습니다.

제 친구의 말에 대해 생각해 보고 제 자신의 경험을 실험해보는 중에 저는 요한복음의 이 본문을 보게 되었습니다. "하나님께서 세상을 이처럼 사랑하셔서 외아들을 주셨으니, 이는 그를 믿는 사람마다 멸망하지 않고 영생을 얻게 하려는 것이다. 하나님께서 아들을 세상에 보내신 것은, 세상을 심판하시려는 것이 아니라, 아들을 통하여 세상을 구원하시려는 것이다."요 3:16-17

이 본문에서 세 가지가 제게 새롭게 다가왔습니다. 첫째, 이세상을 향한 하나님의 사랑은 우리가 대면해야 할 위대한 사실이라는 점입니다. 이 사실이 세상을 정의해 줍니다. 하나님은 이 세상을 사랑하십니다. 제가 하는 일과 얼마나 대조적입니까? 저는 사랑하는 대신에 이 세상을 두려워하고, 이 세상을 향해 화를 내기도 합니다. 하지만 하나님은 이 세상을 꾸준히 사랑하십니다. 제가 볼 때 하나님은 저보다 이 세상에 대해 화내실 일이 많을 것 같습니다. 하나님은 아름답고 온전한 세상을 만드셨고, 놀랍도록 복합적이고 정교한 창조계를 고안하셨습니다. 또한 의미 있고 매력이 넘치는 목적들을 세우셨습니다. 남자와 여자는 그 창조의 절정이었으며, 그들은 그 창조계의 탁월함을 이해하고 그 아름다움을 느끼고 그 목적에 참여할 능력을 갖춘 뛰어난 존재였습니다. 그런데 어떻게 됐습니까? 그들은 이 모든 것을 완전히 망쳐 버렸습니다. 그리고 자신들 또한 완전히 망가져 버렸습니다. 만일 제가 하나님이라면, 화를 내면서 모든 사람에게 책임을 물었을 것입니다.

또한 제가 보건대, 하나님은 저보다 더욱 이 세상을 두려워할 만한 이유를 가지고 계셨습니다. 사랑을 위해 하나님이 창조하신 수십억의 사람은 자신의 창조적 의지를 반항적이고 저항적으로 사용해 왔습니다. 역사책은 예전에 있었던 악한 선택들의 이야기를 들려주고, 신문은 그러한 악한 선택들이 오늘날에도 여전히 이어지고 있다는 사실을 들려줍니다. 이러한 선택들이 축적된 결과가 우리 주변에서 분명하게 나타나고 있습니다. 폭력과 무질서, 악의와 탐욕, 증오와 잔인함, 지루함과 이기심. 이 모든 것은 나아지는 것이 아니라 더욱 나빠져 가는 것처럼 보입니다. 그 숱한 세월이 흐른 지금도 여전히 세계는 감당할 수 없는 구제 불능 상태입니다. 제가 하나님이라면, 이 지구를 자멸하도록 내버려두고 우주의 어느 구석으로 멀찌감치 도망갔을 것입니다.

지극히 제 입장에서 본다면, 하나님은 화를 내거나 두려워하셔야 합니다. 그러나 하나님은 이 세상을 사랑하십니다. 만연한 악은 하나님을 진노가 아닌 사랑의 행위로 빠뜨립니다. 악의 세력은 그분을 두려움 가운데 비틀거리며 도망가도록 내모는 것이 아니라, 사랑으로 승리하는 적극적인 마주함으로 내몹니다. 하나님은 세상을 사랑하십니다. 이 세상에 대한 우리의 반응은 하나님의 반응을 이해하는 데 아무런 도움이 되지 않습니다. 그러나 하나님의 반응은 우리의 반응을 바꾸는 데 가장 큰 도움이 될 것입니다.

제22일

영원한 생명

요한복음의 본문이 제게 새롭게 보여준 두 번째는, 이 세상에 대한 하나님의 사랑은 우리의 일상에 엄청난 결과를 가져다준다는 것입니다. 그리고 그 결과는 모두 좋은 것입니다. "멸망하지 않고 영생을 얻게 하려는 것이다.……심판하시려는 것이 아니라……구원하시려는 것이다."요 3:16-17 이 세상을 향한 하나님의 사랑의 실제적인 결과는 하나님이 소유하신 것을 우리 또한 갖게 된다는 것입니다. 하나님의 생명을 공유한다는 것입니다. 하나님의 사랑은 실제로 효력이 있고 변화를 가져옵니다. 창조적입니다. 구원을 이룹니다. 모든 것을 바꿉니다. 분노를 기쁨으로, 두려움을 평화로. 이에 대한 예수님의 표현은 '영원한 생명' 곧 '영생'입니다.

영원한: 이 말은 하나님으로부터 왔다는 뜻입니다. 미래를 일컫는 단어가 아닙니다. 영원한 생명은 사후에 얻는 생명이 아닙니다. 지금, 이곳에서 하나님으로부터 받는 생명입니다. 저는 부모님으로부터 생물학적인 생명을 받았지만, 하나님의 성령으로부터는 영원한 생명을 받았습니다. 이것은 제가 받고자 기다리는 무엇이 아니라, 제가 참여하고 있는 무엇입니다. 미래의 약속이 아닌 현재의 역사입니다.

생명: 이 단어는 요한이 비범한 의미를 담아 놓은 평범한 단어입니다. 많은 사람들에게 생명은 그저 살아있다는 것을 뜻합니다. 지루하고, 반복적이고, 따분합니다. 소로우는 '조용한 절망의 삶'을 사는 사람들에 관해 썼습니다.[13] 그러나 그것은 하나님의 뜻이 아닙니다. 하나님의 사랑을 받는 생명은 그렇지 않습니다. 생명이란 매우 다양한 종류의 기쁨과 의미가 울려 퍼지는 것이고, 목적과 평화의 갈래들이 복잡하게 얽힌 것이며, 의와 사랑의 깊이로 활기가 넘치는 것입니다. 하나님을 향해 살아 있기 전까지는 결코 온전하게 살아 있다고 말할 수 없습니다. 하나님을 향해 살아 있을 때 우리는 가장 낮은 곳에서부터 높은 곳까지 존재의 모든 단계에 반응하고 참여할 수 있습니다. 우리가 하나님을 향해 살아난다고 해서 덜 인간다워지거나 더 천사다워지는 것은 아닙니다. 오히려 그 반대입니다. 우리의 모든 내재적 힘과 능력이 발달하고 성숙하여 최고의 강도에 이르게 됩니다.

분노로 정의되는 세상에서 우리의 생명은 신랄함과 폭력으로 축소됩니다. 두려움으로 정의되는 세상에서 우리의 생명은 무

기력하고 소심해집니다. 그러나 하나님의 사랑으로 정의되는 세
상의 결과는 영원한 생명입니다.

제23일

그리스도인들

요한복음 3:16-17이 제게 주었던 세 번째 통찰은, 이 세상을 향한 하나님의 사랑이 그리스도의 행동으로 옮겨졌다는 것입니다. 이는 우리가 참여하는 행동입니다. 한 번도 기록한 적이 없고 제 기억을 그다지 믿을 수 없지만, 제가 공개적으로 사랑에 빠진 것은 서른 번에서 마흔 번 정도 됩니다. 제가 분명하게 기억하는 가장 첫 번째 사랑은 초등학교 1학년 때입니다. 이러한 두근거림은 일 년에 한두 번꼴로 지속되었습니다. 중요한 사실 중 하나는 대부분의 경우 여자아이가 전혀 눈치채지 못했다는 것입니다. 상대 아이가 제 마음을 알아주길 원했지만, 어떻게 말을 전해야 할지 몰랐습니다. 제 사랑을 표현하고 싶었지만, 거절이나 무시가 두려웠습니다. 그런 저는 감정의 늪에서 미적거릴 수밖에 없었습니다. 결국 아무 일도 일어나지 않았습니다. 제 사랑은 아무런 일도 일으키지 못했습니다.

하나님의 사랑에 대해서는 그런 말을 할 수 없습니다. 하나님의 사랑은 일을 일으킵니다. 사랑에 대해서 가지고 있는 가장 흔한 오해는 그것이 느낌, 감정, 가슴의 설렘, 무릎의 떨림이라고 생각하는 것입니다. 이 세상을 향한 하나님의 사랑은 달콤한 감정이 아닙니다. 사랑은 효력이 있는 행동입니다. 하나님은 자신의 유일한 아들을 주셨습니다. 그리고 그 행동은 하나님의 사랑과 우리의 삶을, 하나님이 우리에게 원하시는 것과 우리가 하나님에게서 필요로 하는 것을 연결시켜 줍니다.

예수 그리스도는 바로 그 행동입니다. 희생과 고난의 삶을 진실하게 순종하며 사셨고, 십자가에서 죽고 부활하셨습니다. 하나님은 세상을 이처럼 사랑하셔서 우리가 영원한 생명을 얻기를 바라셨습니다. 하나님의 사랑과 우리의 영원한 생명은 아들에 의해 연결됩니다. 하나님의 사랑이 우리 삶에서 나타난 효력은 우리를 사랑한다는 발표문을 통해서가 아니라 예수님의 행동을 통해서 드러납니다. 그리스도는 우리 삶 안에서 태어나셨습니다. 이 행동은 하나님의 사랑을 우리 안에 효력 있게 만듭니다. 그 사랑은 인간의 악과 적대감을 직면하고 정복함으로써 우리 삶에 구원을 가져옵니다.

몇 년 전, 구약성서학자 조지 어네스트 라이트 George Ernest Wright 는 『행동하시는 하나님』 God Who Acts 이라는 제목의 중요한 책을 썼습니다. 라이트 교수는 매우 분명하지만 종종 간과되는 성경 이야기의 특징에 주목했습니다. 그것은 바로 우리가 하나님의 행동을 통해서 하나님을 안다는 것입니다. 단지 말뿐인 하나님의 말씀은 없습니다. 성경은 하나님의 가르침이 정제된 상태로 기록된 것이 아닙니다. 우리에게는 하나님이 무엇을 하셨는지를 보여주는 이야기가 있습니다. 바로 우리의 구원을 위하여 자기 아들을 보내 주신 이야기입니다. 물론 성경에는 '말'이 있지만, 그 말은 언제나 하나님의 행동을 소개하거나 해석하는 말입니다.

요한의 복음은 이렇게 시작합니다. "태초에 말씀이 계셨다." 요 1:1 그리고 바로 이렇게 이어집니다. "그 말씀은 육신이 되어 우리 가운데 사셨다. 우리는 그의 영광을 보았다.……그는 은혜와 진리가 충만하였다." 요 1:14 이 행동에서 하나님은 우리가 참여하도록 초대하십니다. 믿음이란 하나님이 그리스도 안에서 우리에게 사랑으로 행하신 일을 받아들이고 그 일에 동참하는 우리의 반응입니다. 믿음은 우리 가운데 계시는 그리스도의 생명에 순종과 찬송으로 참여하는 것입니다.

저는 지금도 이 세상에 대해 화가 날 때가 있고 동시에 두려움을 느낄 때도 있다는 것을 여러분 앞에서 인정하고 싶습니다. 의분에 사로잡혀서 판단하고 정죄할 때가 있습니다. 두려운 기분에 빠져서 도망치고 싶을 때도 있습니다. 그러나 저는 분노나 두려움으로 종교를 만들어내지 않도록 배웠습니다. 하나님은 화내지 않으시고 두려워하지 않으신다는 것을 확신하게 되었기 때문입니다. 제가 계속해서 화를 내고 두려워하는 것은 제가 미성숙한 죄인이라는 것을 나타낼 뿐입니다. 저는 이 세상을 사랑하시고 그 사랑을 제가 참여할 수 있는 행동으로 보여주신 주님을 섬기는 법을 배우고 있습니다. 그 사랑을 현재의 영원한 생명 안에서 받는 법을 배우고 있습니다.

그리고 저는 그것을 배우고 있는 다른 많은 사람들을 익히 알고 있습니다. 우리의 이름은 그리스도인입니다.

아멘.

제24일

이전에

예수께서 말씀하셨다. "나를 믿어라. 나는 아브라함이 있기 오래전부터 스스로 있다."

그 말에 그들이 폭발하고 말았다. 그들은 돌을 들어 그분을 치려고 했다. 그러나 예수께서는 어느새 성전을 빠져나와 사라지셨다.

요한복음 8:58-59

෴

이 복음서의 교훈은 분노에 찬 논쟁으로 시작합니다. 예수님과 유대인들은 서로 논쟁하고 있었습니다. 그들은 서로를 헐뜯었습니다. 적개심이 드러났습니다. 예수님은 유대인들을 향해 마귀의 자식들이라 했습니다. 그들은 되받아치면서 예수님을 사마리아인이라 부르며 그분의 출신 배경까지 비방했습니다. 그러자 예수님은 그들을 사생아라 불렀고, 그들은 예수님이 마귀에 사로잡혔다고 말했습니다. 예수님은 그들에게 거짓말쟁이라 했고, 그들은 예수님을 불경한 사람이라 했습니다.

이 논쟁의 근원을 파헤치는 일은 어렵습니다. 그러나 논란이 있었던 것만큼은 사실입니다. 성전에서는 예수님과 종교인들이 서로에게 열을 올리게 된 어떠한 일이 있었습니다. 양쪽 모두가 상대방이 던지는 말과 대꾸에 깊은 자극을 받았습니다. 이 만남은 냉정하고 공식적인 것이 아니었습니다. 예의를 차릴 계제가 아니었습니다. 성경을 꼼꼼하게 읽는 사람이라면 이러한 적대적 대결에는 불가피한 면이 있었다는 것을 알 것입니다. 이러한 일은 언젠가 터져야 했습니다. 예수께서 화를 부추길 수 있었다는 사실을 이해하지 못하면 우리는 결코 예수 그리스도의 의미를 이해하지 못할 것입니다.

여러분은 혹시 하나님에 대해 정말 화가 난 적이 있습니까? 그런 적이 없다면 오히려 놀라운 일입니다. 하나님에 대한 당신의 사랑이 조금이라도 진지했다면, 분노와 증오를 어느 시점엔가는 느꼈을 것입니다. 그 이유는 그리스도를 만나는 일이 궁극적인 것들과 관련이 있기 때문입니다. 예수님은 우리에게 급진적인 결정을 하게 하십니다. 그분의 존재는 결단하지 않고, 헌신하지 않고, 참여하지 않고, 중립적으로 있는 것을 허용하지 않습니다. 그런데 우리에게는 아무것도 결정하지 않고 그저 흐르는 대로 두고 싶어 하는 부분이 있습니다. 사실과 궁극적인 것을 회피하고 싶은 마음은 누구에게나 있습니다. 그러나 우리 주님께서는 그러한 성향을 저지하지 않은 채 내버려두실 생각이 없습니다. 왜냐하면 그러한 성향은 질병(죄)이기 때문입니다. 우리의 삶을 해롭게 하고 건강을 해칩니다. 그것은 우리의 본성이 아니라 타락한 본성이며, 따라서 건강하고 기쁘고 온전한 삶을 살기 위해서라면 반드시 다루어야 하는 문제입니다.

그리스도께서 우리의 평범한 모습 그대로 하나님을 직면하도록 끈질기게 도전하시기 때문에 우리는 그리스도를 향해 분노를 느끼곤 합니다. 그 끈질긴 요구를 피할 수 없으니 때로 적대감이 올라오는 것입니다.

특징적인 것은, 예수 그리스도의 삶 가운데 있었던 한 가지 사건을 통해 우리는 자신에 대해서 살펴볼 수 있고, 하나님에 관한 앎을 발견할 수 있다는 것입니다. 여기서 우리 자신에 대해 알수 있는 것은 하나님을 대적할 때 우리는 합리적이거나 지적인 이유에서가 아니라 도덕적인 이유에서 그렇다는 것입니다. 예수님은 유대인에게 이렇게 말씀하셨습니다. "너희 가운데서 누가 나에게 죄가 있다고 단정하느냐? 내가 진리를 말하는데, 어찌하여 나를 믿지 않느냐? 하나님에게서 난 사람은 하나님의 말씀을 듣는다. 그러므로 너희가 듣지 않는 것은, 너희가 하나님에게서 나지 않았기 때문이다."요 8:46-47

우리는 하나님의 진지한 종이 되지 못하는 것에 대해 정말로 희한한 이유들을 댑니다. 불순종하는 자신의 삶을 변호하기 위해 가장 정교한 논거들을 제시합니다. 예수 그리스도 안에서 구원을 행하시는 하나님의 행동의 중심으로부터 멀리 떨어져 사는 삶이 표면적으로라도 그럴듯해 보이기 위해서 우리는 합리화의 막을 씌웁니다. 해리 스택 설리번 Henry Stack Sullivan 은 합리화란 "그럴듯하면서도 매우 하찮은 설명을 종종 하는 것"이라고 했습니다.[14]

예수님은 사람들에게 하나님의 말씀을 전했습니다. 그들은 그럴듯한 하찮은 이유를 대면서 그분을 거절했습니다. 그들이 했던 말 중 하나는 그들의 아버지가 아브라함이라는 것이었습니다. 제 생각에 그 말은 자신들이 좋은 가문의 배경을 가지고 있다는 것을 뜻하는 의미인 것 같습니다. 그들은 예수께 순종하지 않는 것에 대한 변호로 그 말을 한 것일 텐데, 이유는 그럴듯합니다. 그러나 그것이 하찮은 이유인 것은 예수께서는 아브라함과 반대되는 말을 하나도 하지 않으셨기 때문입니다. 예수께서 하신 일은 하나님과 아브라함의 언약을 지금 완성하는 것이었고, 결정의 때를 제시하는 것뿐이었습니다.

그들은 예수님이 귀신에 들렸다고 했습니다. 그 말도 그럴듯합니다. 예수님은 정말로 특별한 종류의 힘 곧 초자연적인 것과 비범한 관계가 있었고, 당시 여러 전통적인 제도를 뒤흔들어 놓으셨습니다. 그러나 그것이 하찮은 이유인 것은 예수께서 요구하시는 것은 그들의 신학적 평가가 아니라 도덕적 순종이었기 때문입니다. 귀신에 대한 논쟁은 오늘날 우리가 '레드헤링'red herring, 말린 청어 이라고 부릅니다. 중요한 사건으로부터 관심을 다른 데로 돌리기 위해 쓰는 교란 작전입니다. 운동 경기에서는 '페이크'fake, 거짓된라고도 부릅니다.

　　예수님은 그들의 그럴듯하고 하찮은 이유에 화를 내면서 받아치십니다. "누가 나에게 죄가 있다고 단정하느냐?"요 8:46 예수님은 그들의 변명과 책잡기가 무성해지자 단칼에 자르십니다. "내가 하는 일에 악한 게 무엇이 있느냐? 하고 싶은 말이 있다면 기본부터 이야기해 보자. '누가 나한테 죄가 있다고 하느냐?'" 바로 그것이 문제의 핵심입니다. 궁극적 근거에서 예수 그리스도를 신뢰할 수 없는 것이 아니라면 그분의 말을 들어야 합니다. 예수님은 여러분이 본론에서 벗어난 이야기로 잡담을 하도록 내버려두지 않으실 것입니다.

제25일

내가 있느니라

유대인들은 예수님을 놓고 이러쿵저러쿵 이야기하고 싶었지만, 예수님은 그들이 자신에 대한 결정을 내리기를 원했습니다. 그들은 논쟁을 하고 싶었지만, 예수님은 그들과 관계를 맺고 싶어 하셨습니다.

우리는 헌신하기 전에 모든 사실을 제대로 확인해 봐야 한다며 수선을 떠는 경우가 아주 많습니다. 그것은 일종의 유사 과학적 의식으로, 고민하고 연구하고 토론합니다. 하지만 앞뒤를 다 맞추었다고 해서 우리가 마땅히 되어야 하는 그런 사람이 되지는 않습니다. "객관성이란 도덕적인 해이를 위한 합리화이며, 선택을 회피하는 고전적 방법입니다."[15]

어떤 사람들은 인종 간 관계에 대한 장로교인들의 행동이 마음에 들지 않아서 하나님을 거절합니다. 어떤 사람들은 다른 식의 목회 리더십을 기대하며 하나님을 예배하지 않습니다. 어떤 사람들은 가난으로 굶주리고 헐벗었으며 도움이 필요한 존재가 바로 그리스도라는 성경의 말씀을 믿지 않아서 이 세상의 필요에 재정적 헌신을 하지 않습니다. 그리스도의 말씀은 매우 강경합니다. "누가 나에게 죄가 있다고 단정하느냐? 내가 진리를 말하는데, 어찌하여 나를 믿지 않느냐?"요 8:46

여러분이 하나님께 순종하지 않는 이유는 장로교인들 때문도, 목사들 때문도, 행정가들 때문도, 혹은 다른 그리스도인이나 비그리스도인 때문도 아닙니다. 진짜 이유는 여러분이 하나님을 싫어하기 때문입니다. 그러나 그렇게 말할 정도로 정직하지 않기 때문에 여러분은 그럴듯하지만 매우 하찮은 설명을 하는 것입니다. 그것이 바로 예수께서 말씀하시는 바였습니다. 그러니 사람들이 매우 화를 내는 게 당연합니다. 그렇게까지 속마음이 들통나면 저도 조금은 화가 날 것 같습니다.

여기서 우리가 하나님에 대해 알 수 있는 것은, 그리스도로부터 시작하지 않았고 현재 그리스도로 충족되지 않은 것은 우리 삶에서 아무런 쓸모나 가치가 없다는 것입니다. 이것은 예수께서 단언하시는 이 복음서 교훈의 결론에 요약되어 있습니다. "…… 아브라함이 태어나기 전부터 내가 있다."요 8:58 이 논쟁에서 아브라함은 상징적인 인물이 되었습니다. 아브라함은 과거로부터 내려온 현재 상태를 어느 정도 대표하는 인물이 되었고, 종교적 행동의 대명사이자 역사적 정당성을 대변하는 인물로 제시되었습니다. 유대인들은 아브라함의 자손이었고, 그 말은 자신들은 지금 이대로라도 제법 괜찮다는 뜻이었습니다. 특별한 배경과 과거를 가졌기 때문입니다.

그런데 이제는 아브라함이 그리스도 안에서 주어진 하나님의 말씀을 거절하는 변명거리가 되었습니다. 비참하게 사는 것은 아니니 기적은 필요 없었습니다. 사는 것이 제법 괜찮은 지금 급진적인 행동은 필요 없었습니다. 이런 식으로 아브라함은 자기 정당화의 방편이 되었습니다. 그는 2천 년간의 생존을 기억나게 하는 사람이었습니다. 그는 이스라엘의 정체성을 확인해 주었습니다. 그는 자부심과 열망의 근원이었습니다. 그들은 아브라함의 자손이기 때문에 완전히 어긋날 일이 없었습니다. 예수님은 아브라함의 중요성을 부인하지 않으셨습니다. 그분은 결코 파괴하고, 제거하고, 쓸어버리기 위해 우리 삶으로 오시지 않았습니다. 예수님은 우리가 모조리 잘못했으므로 바르게 살기 위해서는 모든 것을 포기해야 한다고 말씀하지 않으셨습니다. 예수님은 우리의 존재를 아무것도 아니라고 말씀하지 않으셨습니다. 또한 아브라함의 존재를 하찮게 여기지 않으셨습니다.

그분은 "아브라함이 태어나기 전부터 내가 있다"고 하셨습니다. 다시 말해, 예수님은 아브라함이 그들에게 의미해 왔던 모든 것 이전부터 계셨다는 것입니다. 그리스도가 최우선입니다. 그들이 그토록 소중히 여겼던 그 어떤 의미보다 예수님이 먼저 존재했습니다. 예수님은 아브라함, 모세, 다윗, 소크라테스, 공자, 부처가

했던 말 뒤에 뒤늦게 와서 자기 의견을 덧붙이려는 분이 아닙니다. 예수님은 제1원인, 최고의 원인이십니다. 예수님은 영원히 처음부터 계시던 분이었습니다. 하나님이 우리에게 나타나실 때는 우리가 경험하고 생각하고 가정한 모든 것에 덧붙이거나 덧붙이지 않을 무엇으로 오시지 않았습니다. 하나님은 모든 것보다 앞서 계십니다. 하나님은 우리가 사소한 선택들을 할 수 있는 어떤 삶의 양식에 따라오는 옵션이 아닙니다. 하나님은 삶 자체의 시작입니다.

그렇다고 해서 아브라함이나 우리 삶의 가치 있는 다른 것들이 파괴되는 것은 아닙니다. 그러나 새로운 존재 양식을 취하게 되는 것은 사실입니다. 이전부터 계심으로 인해서 예수님은 이전에 있던 모든 것의 의미가 되고, 영원한 하나님의 현존이 됩니다. 우리가 과거를 돌아볼 때도 예수님을 동반하지 않으면 아무런 의미가 없습니다. 예수께서 이미 우리의 현재에 계시기 때문에 그분보다 현재를 더 좋아할 수도 없습니다. 지난 세월 동안 우리에게 전수된 다른 대안을 택할 수도 없습니다. 그것 이전에 그분이 계셨기 때문입니다.

이러한 사실이 우리의 합리화, 우리의 지성화, 우리의 회피, 우리의 결정하지 못하고 주저하는 것을 어떻게 만드는지 보십니까? 그렇습니다. 드러내십니다. 그러나 또한 구원하십니다. 문제는 유대인이 아브라함과 예수님 사이에서 한쪽을 선택하는 데 있지 않고, 그들이 지금 하나님께 순종하며 사느냐에 달려 있습니다.

여러분의 아브라함은 누구입니까? 현재의 불순종을 정당화하기 위해서 여러분이 사용하는 것은 무엇입니까? 여러분의 가족입니까, 직업입니까, 일입니까, 집입니까, 종교입니까, 도덕적 혹은 신체적 문제입니까, 유년 시절입니까, 실망입니까, 성공입니까, 실패입니까?

그리스도께서는 여러분이 무슨 말을 하든 무시하지 않습니다. 예수님은 여러분 삶의 그 어떤 것도 하찮게 여기지 않으십니다. 그러나 이 말씀은 하십니다. "그 이전부터 내가 있었다."

아멘.

제26일

오해

예수께서 나사로를 불러 죽은 자들 가운데서 일으키실 때에, 그 자리
에 있던 사람들이 자신들이 목격한 것을 이야기했다. 그들이 얼마 전
에 있었던 하나님의 표적에 대해 소문을 퍼뜨렸기 때문에 환영하는
무리가 더 늘어났던 것이다. 바리새인들이 그 모습을 보고 체념하듯
말했다. "이제는 통제 불능이오. 온 세상이 저 자의 뒤를 따라 몰려가
고 있소." 요한복음 12:17-19

ᘓ

요한은 이 메시지를 위해 세 가지를 함께 모아 놓았습니다. 예수

님의 기름부음, 예수님을 죽이려는 모의, 예수님을 칭송하는 행렬.
이 세 가지 사건은 겉으로 보기에는 서로 관련이 없고 대립적으로
보입니다. 하지만 하나님께서 이 사건들을 하나의 연합체로 구성
하여 우리의 구원을 어떻게 이루는지를 보여주기도 합니다. 우리
가 일하는 방식은 다릅니다. 우리는 좋은 것과 나쁜 것, 유용한 것
과 쓸모없는 것, 강한 것과 약한 것, 바른 것과 바르지 않은 것으로
일들을 정리합니다. 한쪽은 인정하고 다른 한쪽은 버립니다. 우리
에게 도움이 되는 것들은 취하고 해가 되는 것들은 버립니다. 그
러나 하나님은 그 어느 것도 버리지 않으십니다. 일어나는 일이
무엇이든, 우리가 하나님 앞에 제시하는 그 어떤 것이든 취하셔서
그것으로 구원을 이뤄내십니다.

　여기에서 하나님 앞에 제시된 일을 보십시오. 한 여인의 낭
비, 음모자들의 악의, 그리고 큰 무리의 흥겹지만 얄팍함이 보이는
열광. 이 각각의 사건은 예수님을 오해한 데서 비롯된 것입니다.
그 어느 것도 하나만 놓고 볼 때는 우리가 예수님의 수난이라고
알고 있는, 십자가의 죽음과 부활에서 절정을 이루는 일련의 사건
들을 시작하기에 적합하지 않습니다. 그리고 그것들을 전부 합쳐
버리면 오해만 더욱 커질 것입니다.

　오해의 주제는 요한복음의 부속 모티브입니다. 요한은 예
수께서 행하시고 말한 것을 듣는 자나 보는 자가 심각하게 오해
한 몇 가지 사건을 보여주었습니다. 그러나 이야기는 거기에서 멈
추지 않습니다. 예수께서 바로 그 오해를 어떻게 사용하셨는지를
보여줌으로써, 요한은 믿음을 발전시키고 싶었습니다. 예를 들어,

예수님은 니고데모에게 "너희가 다시 태어나야 한다"요 3:7고 말씀하셨습니다. 니고데모는 이 말을 젊음을 다시 얻게 되리라는 약속으로 이해했습니다. 그 이전이나 그 이후로도 많은 사람들을 속인 꿈입니다. 그러나 그것은 영원한 생명으로 우리를 데려가는 영적인 탄생을 말하는 것이었고, 예수님은 니고데모가 믿음으로 반응할 때까지 대화를 계속 이어 가셨습니다. 또 한 가지 오해할 수 있는 사례는 예수께서 우물가에서 사마리아 여인과 대화하실 때입니다. 예수님은 "내가 주는 물을 마시는 사람은, 영원히 목마르지 아니할 것이다……"요 4:14라고 말씀하셨습니다. 더운 날 우물에서 물을 긷는 것에 지쳐 있던 여인은, 그 말을 단순히 피곤한 일의 반복으로부터 벗어나게 해주겠다는 말로 이해했습니다. 오해를 한 것입니다. 그러나 예수님은 그 여인이 영원한 생명에 대해 반응할 때까지 대화를 이어 가셨습니다.

각 사건마다 오해가 생기면 결국 진리를 깨닫고 받아들일 때까지 그 오해를 사용하시는 예수님의 방식을 요한은 보여줍니다. 그렇게 오해는 이해의 수단이 되었고, 진리로 가는 길이 되었습니다.

우리는 의문이 너무 많고, 많은 필요와 요란한 욕망에 시달린 나머지 대답, 충족, 혹은 완성과 비슷한 것만 보여도 즉시 우리의 요구에 끼워 맞추려 듭니다. 그리고 그렇게 욕심을 부리며 서두르다가 거의 숙명처럼 오해하고 맙니다. 우리는 하나님께서 우리에게 하시는 말씀을 이해할 수 있는 교육을 받지도 못했고, 경험과 능력도 없습니다. 그리스도의 진리에 대한 우리의 첫 이해는 늘 오해입니다. 그렇다고 해서 퇴학을 당하는 것은 아닙니다. 우리는 복음의 후보 자격을 박탈당하지 않습니다. 오히려 하나님은 대화를 이어 가시고, 질문과 대답, 용납과 의심이 한 번씩 오갈 때마다 우리는 진리에 더욱 가까이 다가가게 됩니다. 예수님은 우리의 무지와 편견과 필요를 도구로 사용하셔서, 우리가 그분의 진리와 구원을 이해하도록 이끄십니다.

　　어떻게 그렇게 될 수 있는지 살펴보겠습니다. 여러분이 혼자서 고속도로를 운전하며 가다가 길가에 있는 큰 표지판을 보았다고 가정해 봅시다. 그 표지판에는 '이웃을 사랑하라'는 문구와 함께 '휘발유: 1갤런당 50센트'라고 쓰여 있습니다. 마침 기름을 넣을 때가 되었고, 주유소 주인의 경건함이 마음에 든 여러분은 그곳으로 들어갑니다. 점원이 다가오자 여러분은 "가득 채워 주세요"라고 말합니다. 그런데 그는 그 자리를 뜨더니 주유 펌프로 가는 대신 몇몇 사람이 앉아 있는 곳으로 가서 그들을 여러분 차로 데리고 옵니다. 차 문을 열고 그들을 좌석에 앉히더니 당신에게로 와서 말합니다. "이웃을 사랑하라는 저희의 초대에 응해 주셔서 감사합니다. 여기 있는 사람들에게는 당신의 차가 필요합니다. 당신의 신앙을 실천으로 표현할 정도로 기독교 신앙을 진지하게 여겨 주셔서 감사합니다." 이 말을 듣고 여러분은 황당하고 화가 날 것입니다. 그래서 말합니다. "채워 달라고 한 것은 기름 탱크였지, 내 자동차가 아닙니다." 그러자 점원은 대답합니다. "우리 표지판을 오해하셨나 보네요."

　　이 예화는 교회 안에서 복음과 관련하여 자주 일어날 뿐만 아니라, 우리 삶의 거의 모든 영역에서 일어나는 현상을 보여줍니다. 우리는 다른 사람들이 우리에게 해주기를 바라는 것에 대한 일정한 기대치가 있고, 그들 또한 우리에 대한 기대가 있습니다. 이 기대는 서로 같지 않습니다. 그들은 우리가 하는 말을 오해하고, 우리는 그들이 하는 일을 오해합니다. 우리 각자는 아무 문제없습니다. 위 이야기에 나오는 두 사람처럼 말입니다. 주유가 필요한 것은 정당한 일이고, 사람을 돕기를 바라는 것은 자연스러운 일입니다. 그러나 서로의 기대가 상응하지 못하면서 오해는 비교적 자주 일어납니다.

몇 달 전, 몇 주 전, 혹은 일 년 전에 기대를 잔뜩 안고 열의에 차서 교회에 왔지만 이제는 일요일 아침에 교회에 오지 않는 사람들이 많습니다. 그들은 "내 필요를 채우라"고 했습니다. 그리고 교회는 예배로의 부름으로 응답했습니다. 그러자 오해는 이어지고 그들은 교류를 포기했습니다. 그들은 믿음에 도달하기까지 발생하는 오해의 과정을 견디는 것을 원하지 않았습니다. 복음은 무엇입니까? 여러분의 필요를 채우기 위한 것입니까, 아니면 다른 사람의 필요를 채우기 위한 준비입니까? 이것을 기대하고 왔다가 저것을 얻으면, 당연히 속은 것 같고 오해를 받았다고 느낄 것입니다.

요한복음 12장에서 이 오해의 주제는 마리아가 예수님께 기름을 붓고, 대제사장들이 죽음을 모의하고, 큰 무리가 호산나 행렬을 이룬 이야기들이 나란히 배치되면서 세 배로 강조됩니다.

제27일

기름부음

한 여인의 낭비가 첫 번째 오해였습니다. 예수님이 나사로와 마리아와 마르다의 집에서 저녁을 먹는데 마리아가 값비싼 향유—매장을 하기 전에 시신에 바르는 종류의 향유—한 병을 가지고 들어와 예수님의 발에 부었습니다. 바로 이어서 자신의 머리카락으로 그 발을 닦아 드렸습니다. 이것은 과도한 헌신의 행동이었습니다. 왜 그런 일을 했을까요? 마리아는 예수님이 곧 죽을 것이라고 생각했던 것이 분명합니다. 예수께서 나사로를 죽음에서 일으키신 뒤부터 그분을 죽이려는 모의에 대한 소문이 돌고 있었습니다. 그 사건은 예수님을 죽이려는 음모에 발동을 걸었습니다. 예수님과 가까운 사람들은 그것을 전부 알고 있었습니다. 단지 그것만이 아니었습니다. 예수님은 자신의 죽음에 대해서 말씀했고, '마지막 때'에 관한 말씀도 하셨습니다. 예수님은 죽을 것입니다. 마리아는 그 진실에 근거하여 행동했습니다. 그러나 마리아는 죽음을 오해 했습니다. 항구적인 죽음을 생각한 것입니다.

미리 기름을 바른 행위는 그녀가 오해했다는 증거입니다. 마리아의 반응은 전형적인 반응입니다. 이러한 오해를 우리는 '종교적 비관주의'라 부를 수 있습니다. 우리는 복음의 아름다움을 보고, 말씀과 예수님 존재의 희소성을 깨닫습니다. 그와 비교할 만한 대상은 없습니다. 하지만 그것이 실패를 암시하고 있다는 것을 우리는 압니다. 우리의 희망은 끝내 뭉개질 것입니다. 이 세상의 세력은 너무도 강합니다. 그럴 때 종교는 엄숙한 향수에 젖은 활동이 되고, 우리의 믿음은 과도한 체념으로 표현됩니다. 세상이 보았던 최고의 것은 이 잔인한 세상에서 살아남지 못할 것입니다. 끝내 악은 죽음이라는 마지막 단어를 취합니다. 명분을 포기할 수는 없습니다. 마지막 순간에 편을 바꾸어서 이기는 쪽에 서려는 성의 없는 편의주의도 가당치 않습니다. 비탄, 그리고 헌신만이 있을 뿐입니다. 마리아가 예수님께 기름을 부을 때, 엄청난 슬픔과 사랑이 눈물과 헌신으로 표현되었습니다. 예수님을 통해 임한 사랑이 이제 곧 사라질 것이기 때문입니다. 아름다웠지만 헛된 생애가 되었습니다.

예수님은 그 헌신을 받아들이셨습니다. 그것이 오해에서 비롯된 것이라고 해서 거절하지 않으셨습니다. 결국 일말의 진실이 있는 것은 사실이었습니다. 죽음이 있기는 할 것입니다. 그러나 그 죽음은, 마리아가 생각한 대로 마지막 단어가 아닙니다. 그래서 예수님은 마리아의 오해에서 비롯한 사랑을 받아들이셨지만, 마리아 가 기대한 대로 행하지는 않으셨습니다. 복음은 그 모든 헌신을 흡 수하고 받아들여 부활이라는 이해로 우리를 이끌어 줄 것입니다.

제28일

음모

두 번째 오해는 예수님을 죽이려고 모의한 유대교 지도자들의 오해입니다. 그들은 사람들이 예수님을 믿고 따르면 자신들의 리더십이 끝장날 것이라고 생각했습니다. 그들이 전파한 삶의 방식, 그들이 얻은 권력, 그들이 누린 권위, 이 모든 것이 사라질 것이라고 생각한 것입니다. 그래서 그들은 매우 논리적인 반응을 보였습니다. 예수님을 죽이려 한 것입니다.

이들의 음모는 정교해졌습니다. 이들은 유대교 지도자, 로마 정치인, 그리고 제자 가룟 유다와 연합 공모하여 자신들의 최고 가치를 위협하는 그 사람을 없애 버리려고 했습니다. 한 가지 차원에서 그들은 정확했습니다. 예수님의 길이 자신들의 길과 대립된다는 것을 그들은 제대로 이해했으며, 예수께서 한 말이 자신들이 행한 일들을 끝내 버리게 될 것을 똑똑히 인식했습니다. 야망은 더 이상 보상을 받지 못할 것입니다. 강압은 더 이상 효과가 없을 것입니다. 강자가 자신의 의지를 약자에게 행사할 수 있는 이기적인 삶의 방식은 힘을 잃고 말 것입니다.

그러나 그들은 오해했습니다. 자신들이 중요하게 여겼던 것들을 버리면 훨씬 더 행복한 삶을 살게 될 것이란 사실을 그들은 미처 깨닫지 못했습니다. 그리고 사람은 자신의 생명을 움켜쥐기보다 나누어야 더욱 온전해진다는 것을 깨닫지 못했습니다. 그들은 행복과 기쁨은 사람의 칭송을 받는 데서가 아닌 하나님을 찬양하는 데서 온다는 것을 몰랐습니다. 그들은 이런 것들을 전혀 모른 채, 그리스도의 주되심을 오직 자신들의 견고한 권력에 들이닥칠 재난으로만 여겼습니다.

예수님은 그 오해를 받아들이셨습니다. 자신에게 하려는 일을 거절하지 않으셨습니다. 계략을 피하고, 음모를 폭로하고, 그들의 손아귀에서 벗어날 수도 있었습니다. 그러나 그들이 하려는 일을 하도록 내버려두셨습니다. 그들의 증오와 거절을 받아들이고 십자가에 달리셨습니다. 그러나 그것에서 멈추지 않으셨습니다. 그들의 거절을 용납으로 승화시키셨습니다. 그 오해를, 당신 안에서 하나님의 뜻을 받아들이는 순종과 생명을 얻는 이해로 바꾸셨습니다.

제29일

찬양

세 번째 오해는 예수님과 함께 예루살렘으로 행진한 무리의 오해입니다. 그들은 예수가 왕이시고, 그분의 주되심은 선하며, 그분의 통치는 바람직하다는 것을 어느 정도 알고 있었습니다. 그래서 그들은 환호하며 예수님을 맞이했습니다. 흥분에 들떠 그분 주위로 몰려들었습니다. 여기까지는 좋았습니다.

그러나 그들이 정치적이고 민족주의적인 소망을 나타내는 상징적인 몸짓으로 나뭇가지를 흔들었을 때 그들의 오해는 드러났습니다. 종려나무는 정치적 해방의 전형적인 상징이었습니다. 무리는 예수께서 예루살렘으로 들어가면 로마인들은 쫓겨나고, 주둔군은 해산되며, 다윗과 같은 훌륭한 유대인 왕을 다시 한

번 모시게 될 것이라 생각했습니다. 그들은 더 이상 이방인 로마의 지배와 부당한 징세는 없을 것이라 생각했습니다.

예수님은 행진이 진행되는 동안 나귀 위에 앉으심으로 그 오해에 조용히 저항하셨습니다. 이 행동은 사람들에게 예수님의 통치는 (힘차게 달리는 군마로 상징되는) 군사적 힘의 통치가 아니라 (나귀로 표현된) 평화의 통치가 되리라는 것을 상기시켜 주었습니다. 그러나 사람들은 그것을 눈치채지 못한 것 같습니다. 그들은 이제 곧 꿈이 이루어질 것만 같은 광경에 지나치게 흥분되어 있었습니다.

이것은 소원 성취의 오해입니다. 사람들에게는 간절히 바라던 소원이 있었습니다. 그들은 예수께서 그 소원을 이루어 주기를 바랐습니다. 그렇게 할 수 있을 만한 이유는 많았습니다. 예수님은 우리의 모든 필요를 채워 줄 것이라 이야기했고, 그들이 완전하고 영원한 생명을 얻는 데 필요한 것을 제공해 줄 수 있다는 것도 보여주었습니다. 이 오해는 그들이 소원 성취의 환상에 사로잡힌 나머지 예수님의 행동과 말에는 거의 주의를 기울이지 않았기 때문에 생긴 오해였습니다.

이번에도 예수님은 그들의 오해에 분노하지 않으셨습니다. 그들의 환호를 받아들이고 그들의 행진을 따랐습니다. 그러나 거기서 멈추지 않으셨습니다. 예수님은 그들의 열광과 기대를 자신의 사역으로 흡수시키셨습니다. 그리고 그들의 필요와 욕망과 소원을 궁극적으로 채워 줄―그들은 생각조차 못했던―부활을 통해서 그들에게 그 열광과 기대를 다시 돌려주셨습니다.

이제 여러분은 그것이 용감한 현실주의나 이기적인 방어주의, 또는 소원 성취의 환상 그 어디에서 비롯되었든지 간에, 예수님은 우리의 오해를 받아들이고 흡수하여 온전하게 만드신다는 것을 알 것입니다. 결국 우리가 향수에 젖어서 왔든 운을 좇는 어린아이와 같은 생각에서 왔든, 잘못된 이유로 오늘 아침 교회에 왔다 해도 상관없습니다. 그리스도의 요구를 피할 방법을 찾거나 주되신 그분의 주장을 차단할 방안을 모색하고, 한심스럽게도 '우리의 권리'라고 부르는 것을 보호하고 지키고자 해도 문제가 되지 않습니다. 다시 말해, 복음은 우리의 오해로 인해 몰락하지 않습니다. 예수님은 우리의 잘못된 인식 가운데 존재하는 현실—죽음의 현실, 회개의 현실, 주되심의 현실—을 가져다가 수난, 십자가의 죽음, 부활을 통하여 온전한 복음을 만들어 내십니다. 예수님은 우리를 제자도의 길로 이끄시고, 우리는 그 길에서 그분의 사랑과 영원한 생명에 참여하고 있다는 것을 알게 됩니다.

이것이 복음 아닙니까? 좋은 의도를 가졌든 좋지 않은 의도를 가졌든 관계없이, 우리의 오해는 부활을 경험하고 믿음으로 예수 그리스도의 구원과 사랑에 참여하는 사람들의 운동으로부터 우리의 자격을 박탈할 수 없습니다. 만일 여러분이 오늘 불길한 예감, 저항감, 환상 또는 그 무엇을 가득 안고 이곳에 왔다 하더라도, 그보다 더욱 중요한 현실은 예수께서 지금 이 자리에 함께 계신다는 사실입니다. 그리고 우리의 부분적인 오해는 우리를 향한 예수님의 한량없는 이해와 사랑과는 비교할 수 없습니다.

아멘.

제30일

단어들

그가 오시면, 죄와 의와 심판에 대하여 세상의 잘못을 깨우치실 것이다. 죄에 대하여 깨우친다고 함은 세상 사람들이 나를 믿지 않기 때문이요, 의에 대하여 깨우친다고 함은 내가 아버지께로 가고 너희가 나를 더 이상 못 볼 것이기 때문이요, 심판에 대하여 깨우친다고 함은 이 세상의 통치자가 심판을 받았기 때문이다. 요한복음 16:8-11

최근 단어 실력을 향상시키는 방법에 관한 책과 기사가 수없이 나오고 있습니다. 사람의 단어 실력과 지능지수는 서로 밀접한 관련이 있다는 연구 결과가 나왔습니다. 사람의 적성을 연구하는 뉴욕의 인간 공학연구소Human Engineering Laboratory는 미국에서 성공한 사람들의 유일한 공통적인 특징은 단어의 의미에 대한 이해가 탁월한데 있다는 사실을 발견했습니다.

종교적 단어는 종종 혼란과 오용을 만들고 오해를 빚습니다. 영원한 관계라고 하는 중요한 세계를 다룰 때, 단어를 제대로 사용하는 일은 특별히 중요합니다. 예수님은 이것을 아셨습니다. 예수님은 제자들에게 자신이 부활한 후 행할 가장 우선적인 일은, 그들의 단어를 보다 날카롭게 다듬고 옛 단어에 새 의미를 부여하여 그들이 자기 자신과 하나님에 관해 분명하게 사고하고 말할 수 있게 하는 것이라고 하셨습니다.

오늘 본문에 대해서는 요한복음 16:8의 다른 번역들도 같이 보는 것이 도움이 됩니다.

> "그가 오시면 이 세상의 죄에 대해서, 의에 대해서, 그리고 심판에 대해서 책망하실 것이다"(흠정역 KJV).
> "그가 오시면 죄와 의와 심판에 대해서 이 세상을 확신시킬 것이다"(필립스 역본 J. B. Phillips).
> "그가 오시면 이 세상이 잘못되었음을 증명하고, 그름과 바름과 심판이 어디에 있는지를 보여줄 것이다"(신영역 NEB).

서로 다른 이 세 번역은 예수께서 하실 일에 대해 서로 다른 단어를 사용합니다. '책망하다', '확신시키다', '잘못을 증명하다.'

이 영어 번역의 그리스어 단어는 '빛으로 가져오다', '폭로하다'를 뜻합니다. 신영역은 두 단어 — '잘못을 증명하다'confute, '보여주다.'show — 를 사용해서 그 의미를 제대로 전달하려 합니다. '잘못을 증명하다'는 '어떤 입장이 틀렸음을 증명하기 위해서 거역할 수 없는 증거를 대다'라는 뜻이고, '보여주다'는 새로운 입장에 대한 긍정적 증거를 가리킵니다. 흠정역에서 사용하는 '책망하다'reprove 와 개정표준역RSV에서 사용하는 '확신시키다'convince 는 그리스어 단어처럼 이 두 개념이 결합되어 있는 단어로 이 단어의 긍정적인 방향과 부정적인 방향을 모두 보여줍니다. 우리 주님은 우리의 단어 사용에 개입하셔서 잘못된 용법은 바로잡으시고 바른 용법은 확신시키십니다. 잘못을 증명하고 보여주십니다.

죄: 이 단어는 그 핵심을 파악하기가 무척 어려운 단어입니다. 부차적인 의미가 지나치게 커져 버렸으며, 엉성한 용법으로 둘러져 버렸기 때문입니다. 이 단어는 성실한 사람에게나 부도덕한 사람에게나 모두 사적인 말이 되기 쉽습니다. 이 세상에 있는 단어 가운데 우리의 도움이 필요한 단어가 있다면 바로 이 단어일 것입니다. 이 단어에 대해서 우리는 잘못된 용법을 깨닫고 바른 용법에 관해 살펴볼 필요가 있습니다. 이 단어의 잘못된 용법에 노출되는 것을 보고 그것의 진정한 의미가 무엇인지 깨달아야 합니다.

죄의 의미는 예수 그리스도를 믿지 않으려는 것과 연결되어 있습니다. "그들이 나를 믿지 않았기 때문에 하나님은 그들의 잘못을 판결할 것이다." 예수 그리스도는 이 세상에서 하나님의 온

전함을 대변합니다. 그분에게서 하나님의 본성이 드러납니다. 예수님이 계신 곳에 하나님이 계십니다. 예수 그리스도를 믿지 않는 것은 인간 역사 속에 계신 하나님의 현존을 믿지 않는 것입니다. 죄는 그 현존을 거부합니다. 하나님이 실제로 우리 삶에 개입한 것처럼 행동하지 않겠다는 의지입니다. 죄는 무신론이 아닙니다. 최고의 죄인들도 다 하나님을 믿습니다. 다만 자기 삶에서 살아 있고 중요한 그 어떤 것과도 하나님을 관련시키지 않을 뿐입니다.

바울은 죄를 "하나님의 영광에 못 미치는 처지"라고 했습니다.롬 3:23 다시 말해 "하나님이 의도하지 않는 것은 모두 죄입니다."16 하나님은 생명과 사랑을 원하십니다. 죄는 그것을 피하고 부인하고 거절하는 것입니다. 그러므로 죄는 언제나 생명보다 못하고, 생명에 필수적인 것이 절단되고 쇠약해진 것입니다.

G. K. 체스터턴의 작품에 등장하는 브라운 신부는 이렇게 말했습니다. "죄에 대한 나의 가장 큰 불만은 그것이 너무 지루하다는 것이다." 생명의 핵심적인 의미를 거절하고, 존재의 살아 있는 부분을 제거하면, 따분하고 단조로울 수밖에 없습니다. 죄는 죽음을 추구하는 삶입니다. 그렇기 때문에 죄가 그토록 자신을 미친 듯이 선전해야 하는 것인지도 모릅니다. 그것이 얼마나 재밌고 즐거운지, 얼마나 많은 행복을 우리에게 가져다줄 것인지를 우리는 반복해서 듣게 됩니다. 죄 그 자체로는 그러한 확신을 전혀 줄 수 없기 때문에 언제나 활발한 언론에 의지합니다. 의는 그러한 광고가 필요하지 않습니다. 그래서 우리는 죄가 얼마나 신나는 것인지에 대해서는 많이 떠들면서도 의에 대해서는 거의 침묵하는 세상

에서 살고 있는 것입니다.

　　죄는 일차적으로 도덕성의 문제가 아닌 특정한 삶의 방식의
문제입니다. 도덕성이 삶과 관계가 없는 것은 아니지만 부차적으
로만 관계되어 있습니다. 생명은 성경과 교회의 관심사입니다. 그
리고 어떤 것들은 생명을 공개적으로 위협하기 때문에 죄라는 표
가 붙습니다. 그러나 그 중심을 보면 죄는 우리 삶에 하나님의 현
존을 거부합니다. 하나님은 생명의 근원이시기 때문에 우리가 그
생명을 거절하면 그 근원을 차단하는 것이 됩니다. 그래서 원천이
말라 버린 강처럼 우리의 기쁨 또한 사그라드는 것입니다.

제31일

다른 단어들

의: "그가 오시면, 죄와 의와 심판에 대하여 세상의 잘못을 깨우치실 것이다."요 16:8 '의'(영어로는 '의'righteousness와 '옳다'right가 같은 단어에서 파생되어서 옳음과 의의 상관관계가 바로 보인다. 다음 단락 참조—옮긴이)의 뜻은 예수님의 부재와 상관이 있습니다. 예수께서 떠나신 후에 제자들은 더 이상 그분을 볼 수 없기 때문에 의의 의미에 대해 들었습니다.

우리의 착각 가운데 하나는 옳은 것은 눈에 보이고 분명하다는 생각입니다. 우리는 흔히 의를 성공과 동일시합니다. 운동 경기의 승자, 사업계의 부자, 학계의 우등생을 우리는 존경합니다. 맨위에 있는 것이 최고이며 옳은 것이라고 생각합니다. 때로는 맞지만, 때로는 그렇지 않습니다. 이처럼 일관성이 없는 이유는 옳다는 것의 의미가 다른 것에서부터 파생되기 때문입니다. 바로 하나님과의 관계입니다. 그리고 그 관계는 보이지 않습니다. "너희가 나를 더 이상 못 볼 것이기 때문이요." 요 16:10 그리스도께서 보여주시는 의는 보이는 것과 상관이 없습니다. 예수님은 젊은 나이에 십자가에서 죽으셨고, 그 사건은 그분의 나라의 실패와 그분의 계획의 종결을 보여주는 것만 같았습니다. 그러나 부활은 제자들에게 예수께서 아버지와 함께 계시고 그분이 옳았다는 사실에 반박할 수 없는 증거를 주었습니다. 의는 믿지 않는 눈에는 보이지 않는, 하나님과의 관계로부터 파생되는 특성을 지닙니다.

최근에 제가 제법 잘 아는 사람이 쓴 책을 보았습니다. 그 사람은 말이 많고, 교육 수준이 높지 않아 보였으며, 무엇보다 투박했습니다. 말을 할 때는 스웨덴 억양이 강했고, 길에서는 아무하고나 인사를 나누었으며, 교양이나 세련된 면모라고는 찾아보기 힘들었습니다. 그 책은 나무를 키우고 돌보는 것에 관한 책이었습니다. 그리고 그 사람은 그 책의 저자였습니다. 그 책은 6쇄를 찍었고, 마지막으로 2년 전에 인쇄되었습니다. 그 책에는 라틴어 문구가 가득하고, 필요한 정보가 가득 담겨 있습니다. 여러 대학의 산림학 수업의 교재로 사용되고 있습니다. 저는 그 사람이 가진 외모와 지식의 상관관계를 찾을 수 없었습니다. 예수께서 말씀하시는 의도 이와 비슷합니다. 의로 보이는 것이 의가 아닐 때가 많습니다. 의는 보이지 않는 것에 기초합니다. 예수님과 아버지와의 관계, 사람과 하나님의 관계. 이 세상에서는 실패와 혼란으로 보이지만 사실은 영원하고 성공적인 것, 곧 의로운 것이 있습니다.

심판: 마지막 단어입니다. 하지만 중요도에서는 결코 뒤지지 않는 단어입니다. 다른 단어들처럼 이 단어도 예수 그리스도와의 관계로부터 정의됩니다. 흔히 목표를 일컫거나 미래를 언급할 때 사용됩니다. 그리고 종종 처벌이나 보상의 가능성을 수반하기도 합니다. 판사는 사람을 심판하고 사면하거나 형을 선고합니다. 육상 경기에서 심판은 승자를 판단하고 그에게 메달을 줍니다. 이 단어는 거의 항상 궁극적 미래의 의미에서만 사용됩니다. 어떤 행동이나 행위의 마지막에 오는 것입니다.

종교에서도 우리는 그런 의미로 사용합니다. 선과 악이 분류되는 심판의 날이 있을 것입니다. 그 일은 우리가 죽을 때 일어나거나, 아니면 이 세상이 끝나고 모든 사람이 마지막 심판을 위해 한자리에 모이는 영원한 미래의 특정한 날에 일어날 것입니다. 예수님은 이러한 생각을 완전히 거부하시지는 않았지만, 상당 부분 재구성하셨습니다. 예수님은 이 세상의 통치자가 심판을 받았기 때문에 우리가 하나님의 심판의 의미를 알 것이라고 말했습니다. 제자들은 십자가 사건에서 그것을 보았습니다. 예수님은 법정에서 빌라도 앞에 섰습니다. 그러나 그분은 심판을 받는 것은 자신이 아닌 빌라도라고 말씀했습니다. 빌라도는 "이 세상의 통치자"의 대변자였습니다. 예수 그리스도와 대면할 때 재판의 대상은 언제나 우리이지 하나님이 아닙니다. 심판은 우리가 내리는 결정이 아니라, 하나님에 대한 우리 자신의 반응에 따라서 우리에게 양도되는 것입니다.

'최후의 심판'이나 '마지막 심판' 때에 각 사람의 삶 속에서 이미 지속적으로 이루어지고 있던 그 심판들을 공개적으로 분명하게 드러낼 것입니다. 인생은 단 하나의 꾸러미입니다. 지금 인생의 일부를 살고 나중에 보상과 처벌을 받는 것이 아닙니다. 영원은 지금 이곳에 들어와 있습니다. 심판은 날마다 일어납니다. 죄는 날마다 생명을 죽이는 것이고, 의는 하나님의 현존으로 날마다 부활하는 것입니다. 심판은 이미 일어났고, 이 세상의 임금은 이미 심판을 받았습니다.

'죄'와 '의'와 '심판'이라는 단어를 그리스도께서 주신 의미로 다시 돌려놓아야 합니다. 살아 계신 하나님의 현존 안에서 정의되어야 합니다. 이 단어들은 우리와 함께하는 하나님이신 예수 그리스도를 반영해야만 존재할 수 있습니다. 모든 경우, 이 단어들은 그리스도의 삶의 어떤 부분을 이야기할 때에만 의미를 지니게 됩니다. 부활하신 그리스도께서는 우리를 만나시고, 그 가운데 이 세상이 옛 단어를 잘못 사용하고 있음을 입증하십니다. 그리고 옳고 그름과 심판이 참으로 어느 곳에 있는지를 보여주십니다.

아멘.

주

1 Eugene Peterson, "What Are Writers Good For?"(lecture, Tattered Cover, Denver, CO, July 9, 2006).

2 John Updike, *A Month of Sundays: A Novel*(New York: Random House, 1975). (『그달은 일요일뿐이었다』 문학사상사)

3 Günther Bornkamm, *Jesus of Nazareth*, trans. Irene and Fraser McLuskey and James M. Robinson(Minneapolis: Fortress, 1995), 51.

4 Günther Bornkamm, *Jesus of Nazareth*, trans. Irene and Fraser McLuskey and James M. Robinson(Minneapolis: Fortress, 1995), 45.

5 Thomas Merton, *Thoughts in Solitude*(New York: Farrar, Straus, and Giroux, 1958), 4-5. (『고독 속의 명상』 성바오로출판사)

6 Edith Lovejoy Pierce

7 C. S. Lewis, *Christian Reflections*(Grand Rapids: Wm. B. Eerdmans, 1967), 10. (『기독교적 숙고』 홍성사)

8 Henry David Thoreau, "Walking," *Atlantic*, June 1862, www.theatlantic.com/magazine/archive/1882/06/walking/304674/.

9 Donald G. Miller, *The Gospel According to Luke*, The Layman's Bible Commentary 18(Louisville, KY: John Knox, 1959), 120.

10 George Arthur Buttrick, ed., *The Interpreter's Bible: Luke, John* 8 (Nashville: Abingdon, 1982), 271.

11 Buttrick, *The Interpreter's Bible*, 279.

12 Helmut Thielicke, *The Waiting Father: Sermons on the Parables of Jesus*, trans. John W. Doberstein(Cambridge, England: Lutterworth, 1959), 40.

13 Henry David Thoreau, *Walden: Or, Life in the Woods*(New York: Houghton Mifflin, 1910), 8. (『월든』 은행나무)

14 Henry Stack Sullivan, *The Interpersonal Theory of Psychiatry*(London: Routledge, 2001), 113.

15 Andrew Kopkind

16 William Temple, *Fellowship with God*(London: Macmillan, 1920), 95.